Albert SURIER

Comment on devient beau et fort

TRAITÉ PRATIQUE

ET ÉLÉMENTAIRE

de culture physique

ATHLÈTE GREC

Plus le corps est faible,
plus il commande ; plus il
est fort, plus il obéit.

J.-J. ROUSSEAU.

Comment

on devient

beau et fort

—·—

TRAITÉ PRATIQUE ET ÉLÉMENTAIRE

de la culture physique

—o—⊶❋⊷—o—

Albert SURIER

Comment

on devient

beau et fort

<o>

TRAITÉ PRATIQUE

ET ÉLÉMENTAIRE

de culture physique

<o>

Plus le corps est faible,
plus il commande ; plus il
est fort, plus il obéit.

J.-J. ROUSSEAU.

ATHLÈTE GREC

Un Dimanche qu'il pleuvait

L'ennui est une maladie mentale.

Je m'en souviens : c'était un de ces abominables jours du triste printemps 1902, un de ces dimanches gris, bas, pluvieux, sales, où l'ennui vous décroche la mâchoire. Que faire par de pareils temps, sinon de se morfondre, de maudire la pluie, de maudire le vent froid qui flagelle, de pester contre les gens, contre les choses, contre soi-même, d'être maussade jusqu'à être exécrable en pensant au soleil, aux routes blanches, aux verdures des bosquets et des bois, aux fleurs, à la musique des branches, à l'éclatante gaîté de la nature épanouie?

J'en étais là de me « faire des cheveux », comme dit l'expression populaire, quand je me rappelai soudain que, depuis une éternité déjà, j'avais promis une visite au professeur Desbonnet. Par un temps de chien pareil, les visites sont plutôt mal aisées et la perspective d'arriver crotté comme un caniche et trempé jusqu'aux os quasiment à l'autre bout de Paris, ne m'enthousiasmait que médiocrement.

Heureusement que je n'en suis pas à un accroc près dans le code du protocole mondain! Je pris donc tout de même mon courage à deux mains et m'en fus en partie sous l'averse qui ne cessait pas, jusqu'au 48 du faubourg Poissonnière.

J'y trouvai dans son salon le professeur Desbonnet, ni plus ni moins énervé par ce temps de corde, que si Phébus eût noyé de sa lumière les maisons et les rues. Je me présentai moi-même. Ce fut fort court.

— Je suis, lui dis-je, le correspondant qui vous écrivit, il y a quelque temps, pour vous faire part de son désir de visiter votre école de culture physique. Je ne suis pas sceptique, au contraire, mais je voudrais voir.

— C'est facile, me dit Desbonnet. Suivez-moi.

Nous descendîmes dans le hall. Il y avait là de la fonte, de la fonte, des montagnes d'haltères qu'Hercule en eût pâli.

D'autres appareils que je ne connaissais pas. Desbonnet, avec une complaisance extrême, m'en expliqua le mécanisme, l'usage et le but.

— Et c'est avec tout cela, lui objectai-je, que vous prétendez tout bonnement régénérer la vieille et dolente humanité.

— Mais oui, me répondit modestement mon cicérone.

Et il m'expliqua son but, son idéal, son grand rêve de rénovation et de rajeunissement...

— Je veux... Mais chut! je vous le dirai plus tard.

— Au surplus, reprit mon interlocuteur, il ne tient qu'à vous d'essayer, vous n'êtes déjà pas si formidable. La maison vous est ouverte, soyez des nôtres.

— J'accepte et merci, répliquai-je.

Et sur ce, tout heureux de ma visite et établissant des comparaisons pas trop désavantageuses pour moi, ô sottise, entre mon anatomie et celle des athlètes dont j'avais vu aux murs des photographies, je me voyais déjà aussi fort que Milon de Crotone, aussi souverainement beau qu'Apollon.

Le lendemain, à l'heure du cours, je fus fidèle. Me soumettant de bonne grâce à la règle générale, je me déshabillai. Hélas! pôvre de moi, comme on dit au sud de la Garonne. Où donc étaient mes muscles, mes épaules, mes cuisses,

Phot. Waléry. Paris.

LE PROFESSEUR DESBONNET

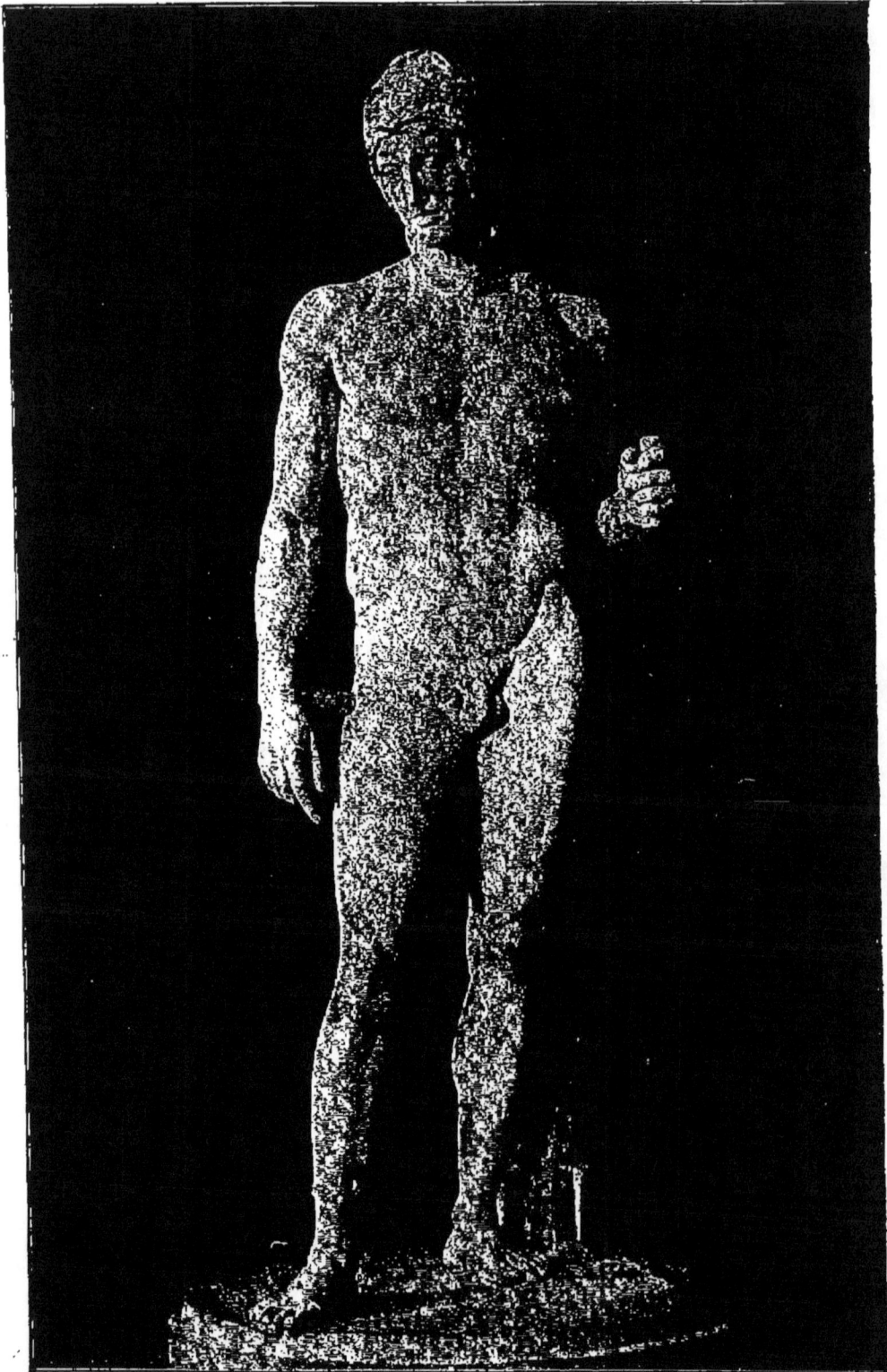

LE MARS-BORGHÈSE

mes mollets? Hélas! trois fois hélas! tout cela s'était envolé avec les fantaisies fugitives de mon imagination. La glace impitoyable me renvoyait scrupuleusement exacte l'image ridicule de ma chétivité. Est-ce que je serais en effet le sujet ingrat qu'avait diagnostiqué quelqu'un de ma connaissance plus hâtif dans ses jugements que clairvoyant dans ses déductions, pensais-je?

— Courage, me dit amicalement Desbonnet, cela viendra.

Du courage, j'en eus.

Dois-je vous dire, amis lecteurs, que cela est venu, en effet, vient tous les jours avec beaucoup de patience et de ténacité et que, sans prétendre éclipser dès maintenant la plastique du Mars Borghèse, mes épaules qui se voûtaient se sont redressées, ma poitrine en creux, où mes pauvres poumons ratatinés attendaient la phtisie, bosselle maintenant en avant et que des cordes musculaires insoupçonnées saillissent sous la peau de mes bras. Et ce n'est guère que le commencement!

LE DOCTEUR ROUHET

Dois-je vous dire encore que maintenant, qu'il pleuve ou qu'il vente, qu'il fasse chaud ou froid, imperturbablement je reste en face du ciel serein ou terne avec mon inaltérable bonne humeur, la même facilité étonnante à trouver partout de la beauté et de la joie. Finis les nerfs de petite femme!...

Comment cela s'est-il fait? [Comment se fait-il que j'ai à présent de la chanson dans l'âme et de la vigueur au corps? Ma foi, c'est pour vous le dire et vous rendre le service que Desbonnet m'a rendu par hasard que j'ai écrit cette modeste brochure. Elle n'a d'autre prétention que celle de vous aider à être heureux en vous et en votre postérité. N'est-ce point suffisant pour la légitimer?

Puisse-t-elle atteindre ce but, concourir à cette grande œuvre de régénération dont des hommes, nos maîtres admirés et aimés, le docteur Georges Rouhet, le professeur Desbonnet se sont faits les apôtres. L'humanité avait perdu le secret de la force et de la beauté, grâce à eux, ce secret est retrouvé.

Trois termes en formulent brièvement l'idéal :

Santé, Beauté, Force.

C'est ce que nous allons avoir l'honneur de vous développer brièvement dans cette modeste brochure, mais que nous développerons largement dans le prochain livre en préparation qui sera le complément de celui-ci.

Qu'est-ce que la culture physique?

Travaille pour toi-même,
Et non nour éclipser les autres!

Par étymologie, la culture physique n'a qu'un but: la culture du corps, pour arriver au développement complet de l'homme et le mettre en possession de toute la beauté et de toute la force que la nature a déposées en lui.

Chaque sport donne au corps une forme particulière, mais aucun ne le développe d'une façon complète et irréprochable, parce que dans la pratique exclusive d'un sport on voit surtout la virtuosité. La préoccupation qui domine, ce n'est pas l'amélioration de la race par l'amélioration de l'individu, mais bien l'exagération des fonctions d'un organe.

Il faut résolument réagir contre cet état d'esprit qui ne fait voir à l'adolescent débutant dans les exercices physiques que le côté mesquin, le championnat à conquérir, le record à battre. Sans discernement, sans jugement, n'écoutant que l'aiguillon de sa vanité, il se lance dans la pratique du sport qui lui semble d'une exécution plus aisée, à la conquête des lauriers, peu souvent de la toison d'or. Si ce jeune homme est fort des bras, hardi aux exercices de force! des poids lourds! de la lutte! de la gymnastique d'agrès! S'il est faible, plus rien de tout cela, il ne serait pas assez vite en vue, le triomphe serait trop lointain, les applaudissements des badauds, j'allais dire des nigauds, trop rares. Il se lance alors dans la course à pied, dans les courses cyclistes, dans tous les sports où il pourra utiliser la force

A. DEROUBAIX

qu'il possède déjà dans certains muscles. De sorte que ce sont les mêmes faisceaux musculaires qui bénéficieront d'un travail dont seuls ils n'avaient pas besoin.

C'est de la pure sottise. La vanité en est une des formes aiguës.

Si notre jeune homme ne réussit pas dans son abattage de records, s'il trouve à côté de lui des camarades mieux doués, le voilà découragé, perdu pour le sport. De travailleur, il devient spectateur. De là, le grand nombre d'amateurs pour voir tel champion et le petit nombre d'acteurs. Sur 10.000 personnes qui assistent à un match quelconque, comptez ceux qui pratiquent le même sport. Si vous en trouvez une centaine vous pouvez vous estimer heureux.

C'est à ce résultat que conduit cette maladie spéciale qu'on peut appeler la *recordmanie*, comme il y a la mélomanie, la bibliomanie, la mégalomanie, toute la kyrielle des manies, formes infinies de la folie humaine.

LA FORCE ET LA BEAUTÉ PLASTIQUE RÉUNIES
L'ACADÉMIE DE MASPOLI

Le public, qui est en général sportif comme un troupeau de bœufs, n'accorde sa curiosité qu'aux étoiles vite ternies du sport. Les autres sont quantité négligeable, et pour deux ou trois sujets susceptibles de devenir des recordmen, les 97 centièmes des autres se découragent, abandonnant la joie

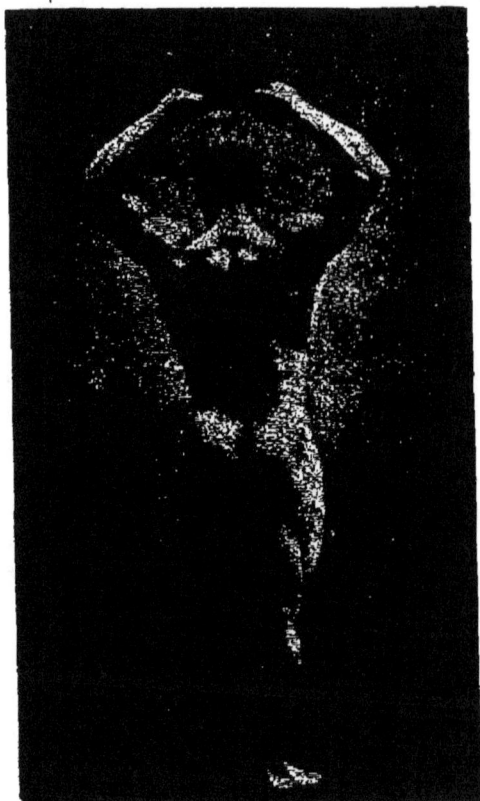

tonique et moralisatrice du mouvement, navrés de ne point se voir l'étoffe d'un champion. Le nombre de ceux qui restent et s'obstinent avec constance et énergie est dérisoire.

La raison profonde de ce désir de briller est bien sûrement au fond de notre sottise. Chez tout homme il y a toujours un paon qui dort plus ou moins serré. Et c'est ce paon, cet animal bête au possible, qui fait la roue et s'étale devant la galerie, que MM. les dirigeants de nos sociétés de sports se sont plu, jusqu'ici, à réveiller chez leurs adhérents, avec le secret désir que leur propre roue en resplendirait d'une splendeur accrue.

A ceux qui sont bien doués et peuvent s'envoler jusqu'aux sommets de la gloire, ils donnent leurs soins, leur expérience des spécialités. Tout directeur de société de gymnastique rêve du fameux livre d'or qui est un peu comme un planisphère céleste parsemé d'étoiles. Étoiles! vous m'entendez bien, cela ne signifie ni beauté, ni vraie force!...

ROUMAGEON

Les autres sont oubliés et dédaignés. On ne se souvient guère d'eux qu'au moment de payer les cotisations.

La presse, qui chevauche en général la sottise ambiante, exalte le lendemain les mérites des glorieux vainqueurs et laisse les autres dans le silence. Les récompenses aussi vont aux spécialistes.

Toutes ces choses réunies concourent à orienter les jeunes

gens vers le travail pour la galerie, vers la *recordmanie*.

Si au lieu de réserver les encouragements pour les spécialités, on les réservait pour les hommes complets, c'est-à-dire pour des hommes qui peuvent à la fois courir, sauter, lutter, grimper, enlever un fardeau, le porter, etc., on dirigerait les efforts des jeunes gens vers ce but qui est le seul bon et désirable : faire des hommes également aptes à tous les exercices, aussi bien à ceux de force que de souplesse, de fond et de vitesse. Il ne nous faut pas seulement des hommes ayant des bras et pas de jambes ou pas de poitrine, il nous faut des hommes développés selon l'harmonie, selon les lois de l'esthétique humaine. Il faut des jambes pour courir et sauter, des mains pour saisir avec force, des bras, des pectoraux pour monter à la corde lisse, des dorsaux pour enlever un fardeau, le porter ou terrasser un adversaire, des intercostaux et des abdominaux pour bien digérer et bien respirer.

C'est alors, mais seulement alors, qu'on aurait atteint cet idéal, qu'on pourrait se permettre de se livrer à tel exercice qu'on affectionne plus particulièrement sans craindre les déformations anatomiques. Un Maspoli, un Deroubaix peuvent se spécialiser, ce sont des hommes normaux, à la fois souples et forts, agiles et puissants.

Ils ont la beauté, la santé, la force, l'agilité, toutes les qualités réunies qui font un homme véritablement complet.

C'est cette intégralité du développement humain que vise la culture physique.

De l'entraînement rationnel
Conseils aux tout petits et aux débutants

N'accuse pas la nature, elle a rempli sa tâche, à toi de faire la tienne.

MILTON.

Enfants, jeunes gens, qui allez débuter dans la carrière sportive, n'écoutez jamais que la voix de la raison. Tout ce qui n'est pas marqué au coin de son cachet spécial est faux et trompeur. A l'école, dans vos études, vos maîtres s'efforcent de vous en enseigner le respect, vous apprennent à vous laisser guider par ses méthodes souveraines. Il en est de même en culture physique. Rien de ce que nous avons la prétention de vous apprendre n'est du domaine de l'occultisme et du mystère, tout ce que nous vous dirons, au contraire, a été passé au crible de la raison, soumis à l'épreuve de l'expérience et doit avoir, par cela même, à vos yeux, la force persuasive des enseignements concrets. Celui qui vous parle a été comme vous êtes en grande majorité, chétif, de santé débile et s'il a réussi à dominer cet état morbide et à acquérir une musculature bien plus qu'ordinaire, c'est parce qu'il a obéi scrupuleusement à son maître et qu'il a cru en lui. Nous vous demandons à notre tour de croire en nous.

N'ayez donc pas tout d'abord l'ambition prématurée de devenir des recordmen. Rêvez plutôt de devenir forts, vigoureux, bien portants et beaux. Persuadez-vous bien que sans un beau corps et sans de beaux muscles, tous vos efforts seront vains et nuiront à votre santé. Vous n'avez pas commencé vos études par la philosophie, vous avez débuté par l'alphabet, faites la même chose pour le sport, quel que soit celui vers lequel vos goûts vous portent plus spécialement. Les lettres ici sont des muscles, la philosophie sera le record que vous battrez sans peine quand vous aurez de bons muscles. Laissez-vous guider par l'expérience, croyez-bien que ce n'est pas l'intérêt qui nous inspire ; nous nous souvenons du temps de nos quinze ans où nous aurions été si heureux d'avoir un mentor pour nous diriger dans le droit chemin, au lieu de perdre du temps à pratiquer un exercice dont la pratique ne nous démontrait qu'au bout de longs mois, quelquefois des années, l'inanité.

Mon maître Desbonnet me disait un jour : « Je me souviens d'avoir eu un excellent moyen pour me développer les jambes dès l'âge de seize ans. J'avais eu cette donnée par un amateur qui la tenait d'un professionnel. Dans mon ignorance juvénile, je taxai le professionnel de crétin et négligeai son procédé. Dix ans plus tard, j'ai reconnu que cet exercice était le seul capable de produire le résultat que je n'avais pas atteint ».

Voilà, il me semble, un exemple typique de la perte de temps qu'on peut vous éviter si vous voulez suivre nos conseils désintéressés. Nous vous demanderons seulement, pour toute récompense, quand vous serez devenus forts et beaux de vous souvenir de nous, ou plutôt de nos leçons, d'être à votre tour des apôtres semeurs de la bonne parole et de continuer à jeter à pleines mains le bon grain de vérité.

Ne vous préoccupez pas de ce que peuvent faire vos camarades qui s'entraîneront par la même méthode. Nous vous l'avons dit plus haut, les résultats des autres ne doivent pas être pour vous un critérium. La nature ne nous a pas dit encore tous ses secrets, toute la cause mystérieuse qui fait que deux jeunes gens construits de même façon, tous deux bien portants, ne parviendront pas à un même maximum de puissance musculaire. Que cela ne vous inquiète donc pas. En cette matière, il faut être égoïste et ne s'occuper que de soi-même. A s'acharner à égaler un camarade naturellement mieux doué que soi, on se surentraîne et on perd le bénéfice de ses propres efforts. Contentez-vous donc de vos moyens propres, augmentez graduellement votre somme de travail, mais fermez les oreilles aux sots conseils d'un orgueil mal placé. Ce que vous n'obtiendrez pas dans l'individu vous l'aurez dans la race.

Vous reconnaîtrez que l'entraînement vous est salutaire si vous mangez bien, si votre sommeil n'est point agité et si vous prenez du poids. Un entraînement qui vous enlève trop de poids est trop fort pour vous, il ne faut pas que les dépenses excèdent les recettes, sans quoi votre budget physiologique se soldera en déficit, ce qui est toujours désastreux.

Il est bien évident, toutefois, que si vous êtes obèse, ce qui est heureusement rare dans la prime jeunesse, vous n'aurez

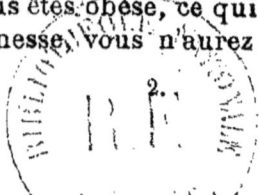

pas à craindre de perdre du poids, au contraire. Mais surveillez bien votre appétit et votre sommeil, c'est indispensable. *L'entraînement n'est pas l'éreintement.* Il faut à tout prix que le jeune homme prenne du poids et des muscles jusqu'à vingt-cinq ans au moins. Jusqu'à cet âge, le corps incomplètement formé doit augmenter de volume et de poids, en muscles et en os. Plus tard, ce sera moins facile, et l'inaction vous fera prendre de la graisse. Pour vous rendre compte de la perfection de votre constitution, faites la petite expérience suivante: pesez-vous et si vous êtes bien équilibré, vous devez peser autant de kilogrammes que vous avez de centimètres en plus d'un mètre de hauteur. Exemple: un jeune homme de 1^m,60 de hauteur devra peser environ 60 kilogrammes (en muscles, non en graisse, naturellement). Les obèses dépassent ce poids et n'en sont pas plus forts pour cela ; au contraire.

Ne vous laissez pas influencer par les railleries d'un camarade plus fort que vous. Laissez-le dire et continuez ; on se retrouve toujours dans la vie. Si vous avez de l'énergie, de la volonté et de la persévérance, vous arriverez sûrement à l'égaler et peut-être même à le dépasser. La raillerie n'est qu'un piètre argument.

« De quinze à vingt-deux ans, me disait encore mon maître Desbonnet, j'étais le plus faible d'un groupe d'amis formé d'une vingtaine de membres. Par le travail, l'assiduité, je suis arrivé à les rattraper peu à peu, puis à les dépasser comme force et comme mensuration. Eux, certains de leur supériorité native, se sont contentés de se laisser vivre sans plus s'occuper ; moi, parti de rien, je n'ai jamais cessé de travailler et je suis arrivé aux résultats suivants:

	Autrefois	Maintenant
Poitrine........	87 centimètres.	118 centimètres.
Bras...........	27 —	40 —
Avant-bras....	23 —	34 —
Mollet.........	30 —	39 —
Cuisse.........	46 —	63 —
Force d'un bras	28 kgr. à l'arraché d'une main.	62 kgr. 500

« Ces résultats ont dépassé mes espérances ».

Il ne dépend que de vous de parvenir au même sommet.

Mais n'oubliez pas qu'il ne faut jamais, dans l'entraînement, aller jusqu'à la fatigue générale ; contentez-vous de la fatigue musculaire. Vous la reconnaîtrez à une sorte de crampe dans le muscle en action, ce qui provient de l'afflux du sang que le mouvement a amené dans ce muscle ; quand vous éprouverez cette sensation, arrêtez-vous.

La fatigue générale ne se produit qu'après la fatigue mus-

LE PROFESSEUR DESBONNET

culaire ; elle produit une dépression générale, qui montre que l'exercice a dépassé la limite de vos forces. Les obèses peuvent seuls aller jusque-là, car ils ont besoin de perdre le tissu de réserve qu'ils ont en surabondance.

Si vous êtes un scrupuleux observateur de ces quelques conseils, nous ne vous garantissons pas que vous ferez un homme capable de faire pâlir les exploits athlétiques de l'antiquité et des temps modernes, mais nous vous garantissons que vous ferez un homme bien portant et un bel homme. Ainsi, pour vous, la vie sera agréable et douce, toute remplie de saines jouissances; vous la léguerez à d'autres comme un trésor de forces d'autant plus méritantes que vous les aurez acquises par votre travail, pour éterniser l'humanité dans toujours plus de bonheur et d'harmonie.

C'est une ambition que chacun a le devoir de posséder.

L'entraînement selon les tempéraments

C'est en forgeant qu'on devient forgeron.

« N'accuse pas la nature, elle a rempli sa tâche, à toi de faire la tienne. » Elle t'a fait homme, ou plutôt t'a donné ce qui est nécessaire pour faire un homme, sache t'élever jusqu'à cette sublimité.

Sois bien persuadé d'abord que tu le peux et que conséquemment tu le dois. Evidemment, un homme délicat ne fera jamais un Apollon ou un Bonnes, mais il arrivera à faire un homme supérieur en force et en beauté à la moyenne humaine. En entraînant ses enfants qui seront d'abord ses héritiers physiologiques, il en fera des hommes plus forts que lui, forts de ce qu'il leur aura légué, forts en plus de leur propre acquisition. Les lois de l'évolution nous conduisent à cette conclusion : l'homme de l'avenir ne sera que la synthèse et la somme des perfections acquises par les générations passées. De même, l'enfant n'est que la synthèse et la somme de ses parents. Que des enfants chétifs naissent de parents vigoureux, cela est, mais ce ne sont que des anomalies, des exceptions qui ne prouvent rien contre la règle générale, souvent une hérédité d'un ancêtre lointain dont le souvenir est perdu.

On ne saurait donc, de bonne foi, se retrancher derrière cet argument indigne d'esprits éclairés. L'amélioration des sujets fait l'amélioration de l'espèce. Cela est vrai pour les races animales, ce ne l'est pas moins pour l'espèce humaine. Et qu'on nous comprennne bien, ce que nous appelons force humaine, c'est moins l'aptitude à enlever et à porter lourd que la quantité de vitalité contenue en chacun. La force brutale est indigne de l'homme civilisé : qui met sa vanité, son amour-propre en elle, n'est qu'un sot. Que sa valeur ait été dominante au temps nébuleux de l'humanité en enfance, cela est indéniable, mais qu'elle prétende régner encore à notre époque de science et de progrès, ce n'est plus qu'une absurdité. Quelque fort que soit un homme, il ne le sera jamais

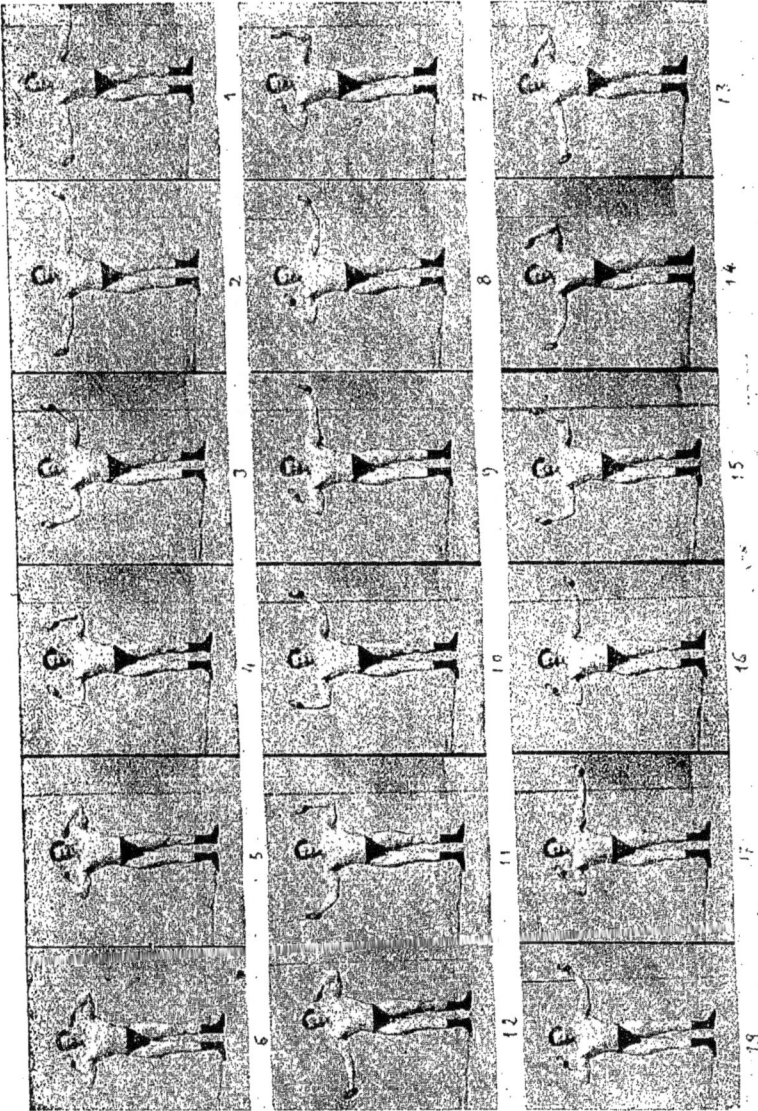

CINÉMATOGRAPHIE DES CONTRACTIONS VOLONTAIRES AVEC HALTÈRES
À RESSORTS, PRISE SUR DESBONNET
À LA STATION PHYSIOLOGIQUE DU PARC DES PRINCES
PAR LE DOCTEUR PAGÈS

autant qu'une machine, jamais même autant qu'une toute petite balle de revolver. L'énergie à vivre et à bien vivre, à vivre avec ampleur, avec utilité, voilà la vraie force civilisée.

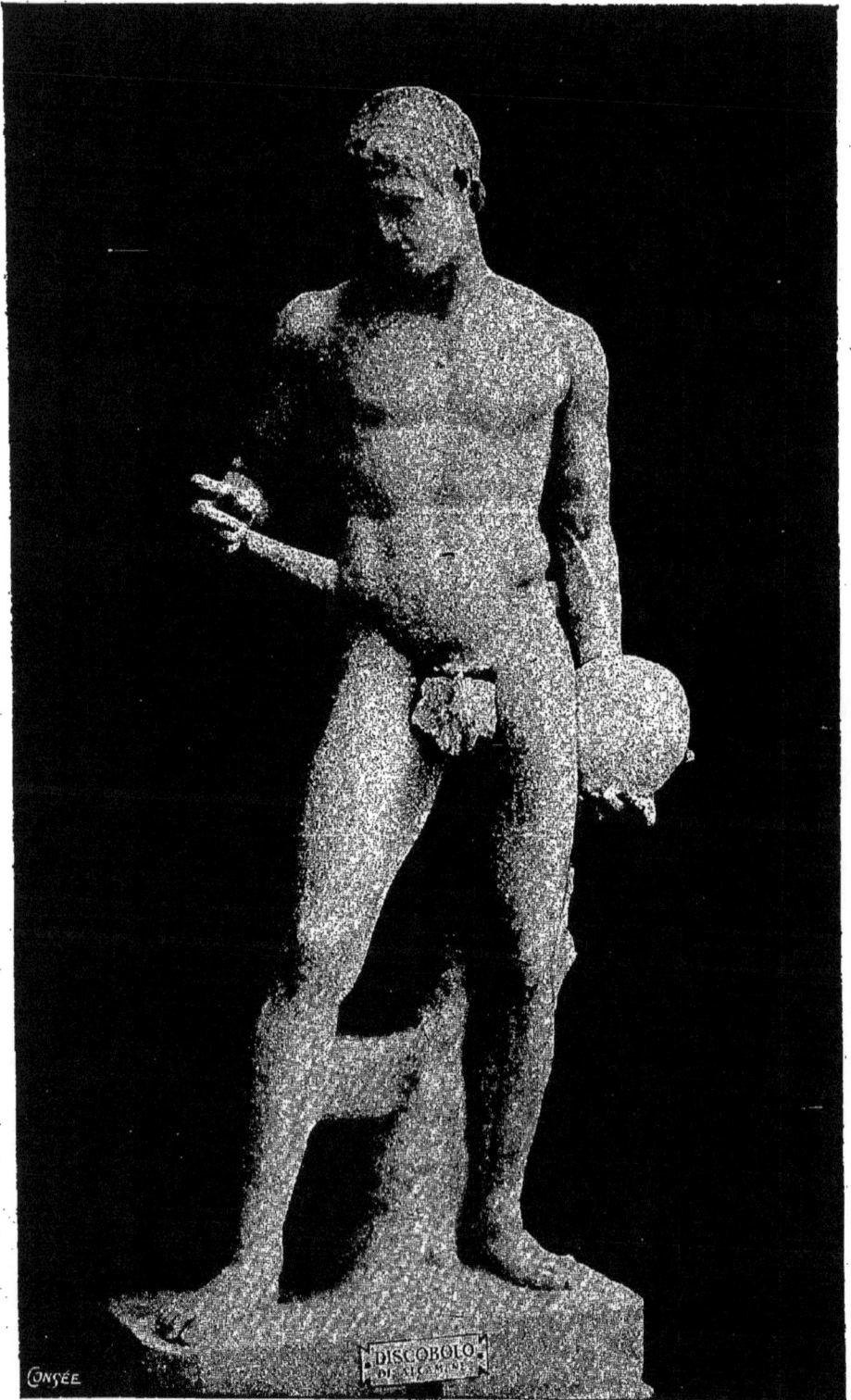

LE DISCOBOLE AU REPOS

Est-ce à dire que nous, athlètes, admirateurs du muscle, nous allons mépriser la force musculaire? Que non pas, puisque notre force idéale ne sera que la résultante de l'acquisition de la puissance musculaire dégagée de ses allures frustes, de sa bestialité primitive. Tous nos efforts convergent au contraire vers cette forme épurée de la force, qui n'est que la quintessence de celle d'Hercule et de Minerve sortie toute armée du cerveau de Jupiter.

On peut y arriver si l'on veut travailler avec énergie et mettre de la volonté dans les contractions musculaires. Pourquoi un ouvrier qui travaille du matin au soir n'a-t-il jamais cette beauté de formes de l'athlète qui travaille seulement un quart d'heure par jour pour son plaisir? C'est parce que l'ouvrier travaille parce qu'il le faut et sans y mettre de la volonté, tandis que l'athlète travaille dans l'harmonie et par goût avec la préoccupation constante de son développement.

Il y a plusieurs sortes d'entraînement dans notre méthode, on peut même dire que selon chaque sujet, il y a un entraînement spécial et selon aussi la position sociale des individus.

Il est bien entendu qu'on ne peut ordonner à un ouvrier sans fortune ce qu'on ordonnera à un millionnaire désœuvré et vice-versa.

Voici l'entraînement que nous proposons à la classe ouvrière, c'est-à-dire aux travailleurs manuels, aux employés, aux bureaucrates, aux fonctionnaires.

D'abord, il faut bien comprendre en quoi consiste l'entraînement. C'est la préparation à un effort, quel qu'il soit, par une série d'efforts de même nature, plus petits, progressifs, gradués pour arriver sans fatigue à un degré correspondant aux ressources de chacun.

Pour s'entraîner, il faut se donner un but élevé, s'entraîner pour soi-même, pour être plus fort que l'on est, mais non pour être plus fort que les autres. La nature a assigné à chaque homme une puissance qu'il peut prétendre d'atteindre, qu'il a même le devoir d'atteindre, mais elle lui a dit : « Tu n'iras pas plus loin. » S'il veut franchir cette limite, ce sera au détriment de sa santé et de sa vitalité. Quand on veut faire faire 100 kilomètres à l'heure à une locomotive construite pour en faire normalement 80, on surcharge le fourneau de combustible ou d'huile, au grand détriment de la machine qui sera vite usée si on renouvelle fréquemment l'épreuve. Il en sera de même pour votre corps qui sera vite en mauvais état si vous voulez lui faire donner au delà de son pouvoir.

Pour préparer un entraînement raisonné et méthodique, il faut d'abord se baser sur le temps qu'un élève peut consacrer chaque jour à ses exercices.

Nous commencerons par l'ouvrier, l'employé ou le fonctionnaire qui est occupé toute la journée et à qui il est impossible de distraire le temps nécessaire à de longues séances d'entraînement. Selon ses goûts ou l'emploi de son temps, il s'entraînera le matin en se levant ou le soir avant de se coucher, une ou deux heures après le repas ou un peu avant le repas du soir. Si son sommeil était troublé par le travail du soir, il devrait y substituer le travail du matin.

Avant toute chose, l'élève se posera complètement nu devant un miroir, prendra ses mensurations et passera un examen détaillé de son académie. (Voir la fig. de la page 48 pour la manière de prendre les mensurations du corps.)

Malgré la bienveillance avec laquelle nous jugeons habituellement nos défauts, il tâchera de ne pas se trouver trop parfait. Il n'est pas d'homme parfait surtout sans entraînement préalable. Il ne le sera donc pas. En toute bonne foi, il s'avouera ses imperfections, c'est moins facile qu'on ne croit, et ce sera le premier pas vers leur correction. Evidemment, les défauts anatomiques que peut posséder un sujet sont nombreux : il peut avoir une poitrine trop étroite, fâcheux symptôme pathologique, des jambes trop minces, des bras sans muscles, des muscles abdominaux lâches, etc.

Comment faire pour reconnaître tous ces défauts, direz-vous ? Nous n'aurons pas toujours un athlète nu devant nous pour la comparaison. D'accord, mais l'art a créé des chefs-d'œuvre plus merveilleux que ne le sera jamais le plus magnifique athlète. Qu'est-ce qui vous empêche d'avoir chez vous une photographie bien faite, ou ce qui vaut mieux une bonne copie du *Gladiateur*, du *Discobole* ou du *Mars Borghèse*.

Ce seront les modèles vers lesquels il devra diriger tous ses efforts, l'idéal qu'il devra essayer d'atteindre sans y parvenir naturellement jamais, parce que, alors, ce ne serait plus l'idéal.

Il pourra se comparer à eux pour corriger ses défauts.

Quand il aura constaté *de visu* ses imperfections corporelles, il se pénétrera bien de l'importance qu'il y a pour lui de se régénérer et il prendra la résolution de s'entraîner régulièrement pour y parvenir.

Pour ce faire, il se rendra dans un magasin de vente et achètera une paire d'haltères ordinaires de 2 k. 5oo chaque. Ce sera une dépense de deux francs, environ. S'il était tenté pourtant de se laisser arrêter par elle, qu'il songe à combien de dépenses inutiles il n'a pas sacrifié déjà et combien peu de privations il aura à s'imposer pour économiser cette modique somme. S'il manque de force dans les mains ou de grosseur d'avant-bras, il se procurera deux haltères à 7 ressorts, qui valent dans le commerce 16 fr. 5o.

Nanti de ces très modestes appareils, il retournera se mettre à l'entraînement. Nous ne saurions trop insister sur cette vérité que ces appareils, malgré leur simplicité, sont suffisants pour faire de lui un homme fort et beau.

Qu'il se garde bien surtout d'accorder un crédit coûteux aux appareils venus d'outre-Manche, qui n'ont d'autre supériorité sur les appareils français de même genre que celle du prix.

Nous avons en France,

ATHLÈTE GREC

dans cette catégorie, d'excellents appareils tout aussi bien conçus que leurs analogues anglais, et américains mais qui ont cet avantage nullement à dédaigner de coûter beaucoup moins cher.

Nous signalons à nos élèves l'exerciseur Michelin, dont les qualités peuvent contrebalancer toutes autres et dont le prix n'a pas de concurrent (1).

Pour travailler, le costume le plus simple sera le meilleur: un sleep ou suspensoir, ou un caleçon de bain. Le costume qu'il faudra préférer sera celui qui permettra le mieux de voir travailler tous les muscles du corps. Pour cela, il faut se placer devant une armoire à glace. A ceux qui le pourront, nous recommandons la double glace pour suivre le jeu des muscles du dos, en même temps qu'on voit travailler les muscles de la poitrine. Il faut alors placer les deux glaces vis-à-vis l'une de l'autre, mais en mettre une un peu de côté pour permettre de se voir le corps entier d'avant et de dos sans avoir besoin de se déranger. On surveille ainsi le travail général de la musculature. C'est très pratique, encourageant et distrayant. Le travail sans glace, en face d'un mur, par exemple, serait d'une monotonie insupportable et l'élève ne tarderait pas à l'abandonner. Avec le miroir, c'est en quelque sorte un travail à deux, une sorte d'entraînement automatique qui fait éviter la fatigue et l'ennui.

Ayant donc procédé à ces différents préparatifs il se mettra au travail en se conformant strictement aux principes d'entraînement contenus dans le chapitre suivant.

1. Voir aux annonces.

Méthode du Professeur Desbonnet

PREMIÈRE PARTIE

Entraînement aux poids légers et à mains libres

L'oisiveté ressemble à la rouille, elle use beaucoup plus que le travail; la clef dont on se sert est toujours claire.
FRANKLIN.

Les exercices d'entraînement doivent être exécutés avec deux haltères ordinaires de 2 kilog. 500 chacun ou avec des haltères à ressorts (fig. 1).

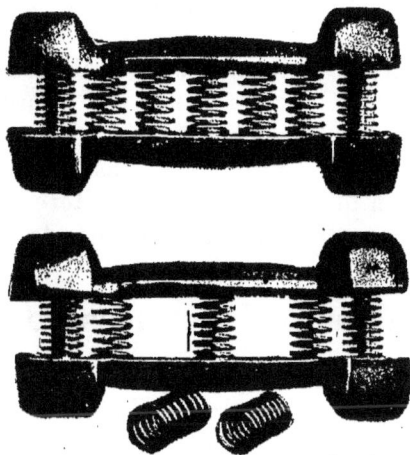

FIG. 1.

Les ressorts sont amovibles et en nombre variable.

Les mouvements doivent se faire au début avec deux ressorts (fig. 1). On augmente chaque mois d'un ressort pour chaque haltère. Les haltères à ressorts ont l'avantage d'accroître rapidement la force de la main et de l'avant-bras, grâce aux contractions que l'on est forcé de faire pour maintenir les deux moitiés de l'haltère l'une contre l'autre, pendant la durée des exercices.

L'énergie qu'il faut déployer pour serrer ces engins développe la contractilité des muscles et, par suite, leur puissance, à un point que l'on chercherait vainement à atteindre par tout autre procédé. Leur emploi fait surtout travailler les muscles avec énergie dans les exercices d'extension, et il exige d'eux, en même temps, une grande indépendance de mouvements, car il met simultanément en jeu les extenseurs du bras et les fléchisseurs de la main et des doigts. La supériorité des haltères à ressorts est particulièrement sensible pour les personnes qui, comme les femmes et les employés de bureau, n'ont pas l'habitude des travaux manuels et qui, par suite, manquent généralement de force dans les mains, les poignets et les avant-bras (1).

Nous reproduisons ci-contre (pages 32-33) la série des exercices à exécuter chez soi chaque jour (excepté le dimanche) pendant un mois (avec les haltères ordinaires ou avec les haltères à ressorts au choix de l'élève).

N. B. — Pour tous ces exercices, on se conformera aux deux règles suivantes :

1° Prendre d'abord la position indiquée par les figures en trait plein et exécuter ensuite le mouvement figuré en pointillé.

2° Si l'on se sert d'haltères à ressorts, garder constamment les deux moitiés de chaque haltère serrées énergiquement l'une contre l'autre pendant toute la durée du mouvement.

Explications des exercices de la page 32.

Exercice n° 1. — Position de départ : le bras droit replié et le bras gauche allongé, *la paume de la main droite en avant* (en pronation). Fléchir alternativement chaque avant-bras sur le bras, et l'étendre ensuite *complètement* sans que le coude bouge, de telle sorte que, *pendant qu'une main monte, l'autre descend*, l'haltère s'élevant chaque fois à hauteur de l'épaule et contre elle.

Exercice n° 2. — Même position de départ, mais *la paume de la main droite en arrière* (en *supination*). Mouvement alternatif comme dans le n° 1.

Exercice n° 3. — Position de départ : les bras tendus horizontalement en avant, les ongles se faisant face. Rejeter

1. Voir aux annonces.

violemment les bras de chaque côté du corps, en les portant en arrière le plus possible, à hauteur des épaules, et les ramener ensuite à la position de départ.

Exercice n° 4. — Position de départ : le bras gauche tendu horizontalement en avant, les ongles en dessous, le bras droit allongé sur le côté du corps. Descendre le bras gauche en remontant en *même temps le bras droit* à hauteur de l'épaule. Le mouvement se continue ainsi alternativement.

Cet exercice s'exécute aussi les ongles en dessus, en partant de la même position, puis les ongles en dessous en élevant *simultanément* les bras latéralement à droite et à gauche. Soit au total trois positions de départ différentes pour l'exercice 4.

Exercice n° 5. — Position de départ : le bras droit étendu latéralement à hauteur de l'épaule, les *ongles en dessus*, l'avant-bras gauche fléchi, la main au-dessus de l'épaule. Fléchir l'avant-bras droit sur le bras, et étendre en même temps *complètement* le bras gauche, continuez ainsi alternativement, sans baisser les coudes ni les bras au-dessous de la ligne des épaules.

Exercice n° 6. — Les bras étendus latéralement dans le prolongement de la ligne des épaules, faire tourner *vivement* les deux poignets en dedans et en dehors autour de leur axe, aussi loin qu'il sera possible.

Exercice n° 7. — Comme dans le n° 5, mais le mouvement est simultané, les deux bras s'étendant ou se repliant en même temps.

Exercice n° 8. — Le corps droit, les deux pieds sur la même ligne, l'avant-bras gauche replié à angle droit sur le bras, les ongles à droite, le bras droit étendu le long du corps. Porter vivement le pied droit d'un pas en avant, en étendant en même temps avec énergie le bras gauche en avant du corps, de toute sa longueur. Revenir à la première position et recommencer le mouvement.

Exercice n° 9. — Même exercice avec le bras droit et la jambe gauche.

Exercice n° 10. — 1° Le corps droit, reposant sur la pointe des pieds, les talons joints, les bras pendant naturellement ; se baisser en fléchissant les genoux sans laisser les talons toucher à terre.

2° Se lever sur la pointe des pieds, garder la position cinq secondes et descendre doucement les talons à terre, les jarrets tendus.

Exercice n° 11. — Les jambes écartées, les pieds bien à plat sur le sol, les bras pendant naturellement, se baisser et se relever alternativement en portant les bras derrière les cuisses.

Exercice n° 12. — Le buste fléchi sur la hanche gauche, le bras gauche allongé, le bras droit replié, l'haltère droit sous l'aisselle. Fléchir le corps sur la hanche droite en allongeant le bras droit et repliant le bras gauche sous l'aisselle.

Continuer ainsi le mouvement alternativement à droite et à gauche sans remuer les membres inférieurs.

Exercice n° 13. — 1° Le bras gauche tendu verticalement au-dessus de la tête, l'avant-bras droit fléchi, la main à hauteur de l'épaule, le coude en arrière et joint au corps, les ongles à gauche. Etendre verticalement le bras droit au-dessus de la tête en fléchissant le bras gauche et continuer le mouvement de la même façon, la tête droite et la poitrine portée en avant.

2° Faire le même mouvement simultanément, en montant et en descendant les deux bras en même temps.

Exercice n° 14. — Etant couché sur le dos, les bras allongés derrière la tête dans le prolongement du corps, monter lentement les deux jambes réunies jusqu'au moment où elles forment un angle droit avec le corps, les jarrets bien tendus, les descendre ensuite plus lentement encore, la pointe des pieds aussi tendue que possible.

Exercice n° 15. — Les mains et la pointe des pieds reposant seules sur le plancher, les mains dans la verticale des épaules, le corps bien droit, baisser et relever alternativement le corps par des flexions et des extensions des bras, en ayant soin de ne pas toucher terre avec le buste. Conserver constamment la tête en arrière et les jarrets bien tendus.

Exercice n° 16. — Etant couché sur le dos, les talons ne quittant pas la terre, la pointe des pieds tendus en avant, les bras allongés en arrière dans le prolongement du corps, relever le buste en tenant les haltères au bout des bras tendus, et venir poser les mains sur la pointe des pieds ; se recoucher ensuite doucement en exécutant le mouvement inverse.

Exercice n° 17. — Comme le n° 14, mais une seule jambe montant pendant que l'autre descend.

Nombre de mouvements de chaque espèce à exécuter chaque jour pendant un mois.

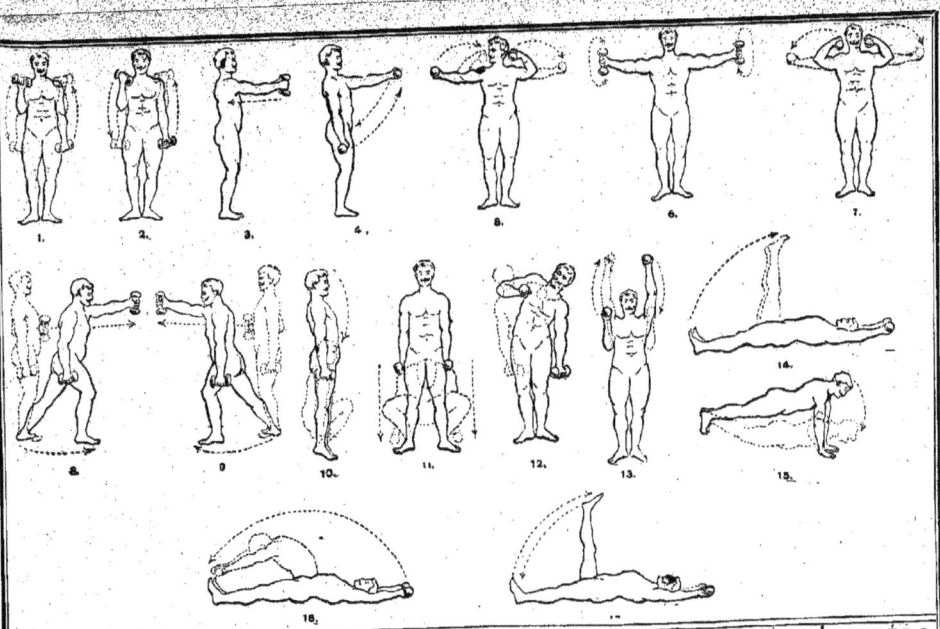

Figures 1 à 17 : exercices avec haltères.

Jusqu'à la fatigue — rotation du poignet.

NUMÉRO d'exécution de l'exercice	1	2	3	4	5	6	7	8	9	10	11	12	13	14	15	16	17
1 Lundi	25	25	10	10	10	*	12	12	12	10	10	10	10	5	1	10	5
2 Mardi	26	26	10	11	11	*	12	12	12	10	10	10	13	5	1	10	5
3 Mercredi	27	27	10	12	12	*	12	12	12	10	10	12	14	5	2	11	6
4 Jeudi	28	28	11	13	13	*	14	13	13	11	11	13	16	6	2	11	6
5 Vendredi	29	29	11	14	14	*	15	13	13	11	11	14	18	6	3	12	7
6 Samedi	30	30	11	15	15	*	16	14	14	11	11	15	20	6	3	12	7
7 Lundi	31	31	12	16	16	*	16	14	14	11	12	16	22	7	4	13	8
8 Mardi	32	32	12	17	18	*	18	14	14	12	12	17	24	7	4	13	8
9 Mercredi	33	33	12	18	20	*	20	15	15	12	12	18	26	7	5	14	9
10 Jeudi	34	34	13	19	22	*	22	15	15	12	13	19	28	8	5	14	9
11 Vendredi	35	35	13	20	24	*	24	15	15	13	13	20	30	8	6	15	10
12 Samedi	36	36	13	21	26	*	26	15	15	13	13	21	32	8	6	15	10
13 Lundi	37	37	14	22	28	*	28	16	16	14	13	22	34	9	7	16	11
14 Mardi	38	38	14	23	30	*	30	16	16	14	14	23	36	9	7	16	11
15 Mercredi	39	39	14	24	32	*	32	16	16	15	14	24	38	10	8	17	12
16 Jeudi	40	40	15	25	34	*	34	16	16	15	14	25	40	10	8	17	12
17 Vendredi	41	41	15	26	36	*	36	17	17	16	15	26	42	10	8	18	13
18 Samedi	42	42	15	27	38	*	38	17	17	16	15	27	44	11	9	18	13
19 Lundi	43	43	16	28	40	*	40	18	18	16	16	28	46	11	9	19	14
20 Mardi	44	44	16	29	42	*	42	18	18	16	16	29	48	11	9	19	14
21 Mercredi	45	45	16	30	44	*	44	18	18	16	16	30	50	11	9	19	15
22 Jeudi	46	46	17	31	46	*	46	19	19	16	16	31	52	12	10	19	15
23 Vendredi	47	47	17	32	48	*	48	19	19	17	17	32	54	12	10	20	16
24 Samedi	48	48	17	33	50	*	50	19	19	17	17	33	56	12	10	20	16

* Exercice n° 6 : jusqu'à la fatigue — rotation du poignet.

Le tableau des pages 32-33 indique la progression à suivre pour les exercices pendant le premier mois.

Ex. 1   2,   3   4

7

5   6   8   9

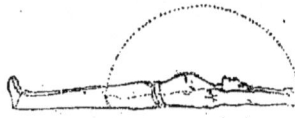

10   11   12   13

EXERCICES A MAINS LIBRES

Il faut intercaler les 13 exercices à mains libres représentés ci-dessus entre les exercices avec haltères.

Exemple : après l'exercice 1 avec haltères, faire l'exercice 1 à mains libres, passer au n° 2 avec haltères, puis au n° 2 sans haltères, et ainsi de suite.

La cadence pour les exercices avec haltères est de 1 mouvement à la seconde environ; celle des exercices à vide doit être moins rapide, chaque mouvement peut durer de

5 secondes et gagne à être effectué avec le plus d'ampleur possible, c'est-à-dire avec l'extension la plus complète devant succéder à la contraction la plus complète.

Exécution des exercices à mains libres
(Figures de la page 34)

1er EXERCICE. — Aspiration complète, remonter le thorax et rentrer l'abdomen.

But : Augmenter la capacité thoracique, en donnant aux pièces du squelette une plus grande latitude de jeu ; faire participer toutes les alvéoles pulmonaires au travail respiratoire.

2e EXERCICE. — Rotation du tronc sur le bassin, flexion et extension des muscles obliques, des droits abdominaux, etc.

But : Faire jouer entre elles les pièces osseuses de la colonne vertébrale, en conserver la souplesse, combattre l'obésité, fortifier les obliques et les abdominaux.

3e EXERCICE. — Adduction des bras devant la poitrine, les bras tendus ; contracter fortement les pectoraux.

But : Développement des pectoraux en épaisseur.

4e EXERCICE. — Lever alternativement les jambes, le jarret tendu, la pointe du pied en avant.

But : Développer le triceps de la cuisse, les jumeaux, les abdominaux.

5e EXERCICE. — Flexion et extension des bras en donnant le maximum de contraction volontaire pour étendre les bras et les fléchir.

But : Développement des biceps et des triceps en épaisseur à la flexion et élongation de ces mêmes muscles à l'extension.

6e EXERCICE. — Rotation des épaules avec immobilité du corps. Elever les épaules aussi haut que possible, les faire tourner sur l'articulation de l'humérus et de l'omoplate d'avant en arrière, aspirer en élevant les épaules, expirer en les baissant.

But : Respiration complète, développement du trapèze et du rhomboïde, etc.

7e EXERCICE. — Etant couché sur le dos, les bras étendus derrière la tête, ramener les jambes devant la poitrine, les saisir avec les mains et rapprocher les genoux par une traction le plus possible de la poitrine. Revenir ensuite à la position première lentement.

But : Elongation des ligaments articulaires en jeu, développement des abdominaux.

8° EXERCICE. — Même exercice que le précédent alternativement et les mains restant croisées derrière la tête.

But : Développement des muscles abdominaux et des cuisses.

9° EXERCICE. — Flexion du buste en avant, se hausser le plus possible pour fournir une extension complète de la colonne vertébrale, se baisser et toucher terre avec les mains à o m. 3o en avant de la pointe des pieds.

But : Assouplissement de la colonne vertébrale et des muscles lombaires, flexion des abdominaux.

10° EXERCICE. — Hausser les épaules le plus possible et les laisser lentement retomber à la position initiale du départ.

But : Développer le trapèze et faire jouer les pièces du thorax.

11° EXERCICE. — Flexion sur les jambes, les fesses touchant les talons ; se relever lentement.

But : Elongation des ligaments articulaires du genou, extension et contraction du triceps, de la cuisse, etc.

12° EXERCICE. — Couché sur le dos les bras étendus derrière la tête, les ramener doucement le long du corps en faisant décrire un demi-cercle aux mains. Pendant ce mouvement, aspirer complètement pendant que les bras sont derrière la tête, expirer à fond quand ils viennent le long du corps.

But : Ampliation de la poitrine ; développement du petit et du grand pectoral, du grand dentelé, etc.

13° EXERCICE. — Le corps étant bien droit, les mains le long du corps, porter vivement le pied gauche en avant et le bras gauche en l'air, en allongeant le plus possible la colonne vertébrale. Rester quelques secondes dans cette position en s'allongeant énergiquement comme si l'on voulait atteindre un objet avec le bras. Effectuer le même mouvement avec le bras droit et la jambe droite.

But : Elongation de la colonne vertébrale, développement des muscles lombaires des cuisses et des mollets.

A la fin du premier mois, prendre des haltères de deux livres plus lourds chaque, ou ajouter un ressort si on possède des haltères à ressorts, et recommencer l'entraînement, comme à partir du premier jour, en suivant exactement la même progression.

A la fin du deuxième mois, prendre des haltères de une livre ou deux livres plus lourds selon sa force, ou ajouter un quatrième ressort, et recommencer la même progression; faire de même à la fin du troisième mois.

L'emploi du septième ressort ou des haltères ordinaires de 12 livres chaque, marquera la fin de l'entraînement aux poids légers.

L'élève devra être à ce moment en bonne forme s'il a suivi régulièrement le tableau d'exercices. Il lui est alors permis de se livrer à l'entraînement des poids moyens, s'il le désire, mais à la condition expresse de ne s'écarter en rien des principes classiques d'exécution qui ont été exposés dans *La Force Physique*, du Professeur Desbonnet. Il lui est loisible aussi de continuer son entraînement aux poids légers, ce qui suffira pour le maintenir en bonne forme et en excellente santé.

Comme on le voit, tous les exercices sont des plus faciles à exécuter chez soi avec deux haltères ordinaires ou deux haltères à cinq ou à sept ressorts (au choix de l'élève).

Ce tableau dû à notre maître, le professeur Desbonnet, a été dressé par lui pour un sujet non développé, mais normal. Si l'élève a observé chez lui quelque défectuosité anatomique à laquelle il lui faudra remédier, il n'aura qu'à faire travailler plus spécialement les muscles dont le volume et la ligne laissent à désirer. Il n'aura, pour ce faire, qu'à se conformer aux indications suivantes :

Tableau d'entraînement pour remédier aux imperfections académiques et anatomiques

Elargissement de la poitrine. Développement des pectoraux grands dentelés (1).
Exercices à faire : 3, 4, 5, 7, 13 (alternatif et simultané), 15.
Deltoïdes, biceps, triceps.
Exercices à faire : 1, 2, 4, 5, 7, 13 (alternatif et simultané), 15.
Muscles des avant-bras.
Exercices à faire : 1, 6.
Muscles abdominaux (oblique et droit abdominal).
Exercices à faire : 12, 13, 14, 16, 17.
Muscles des cuisses et mollets.
Exercices à faire : 8, 9, 10, 11, 17.

(1) Se reporter au tableau d'entraînement pour le nombre de mouvements et à la planche schématique pour leur exécution.

Muscles lombaires.
Exercices à faire : 4, 8, 9, 12, 13, 15, 16.
Muscles sterno-cleido mastoïdiens splénius et trapèze.
Exercices à faire : 1, 3, 5, 7.

Nous nous sommes efforcé de donner à ces détails de l'entraînement toute la clarté et toute la précision désirables pour ne pas embrouiller l'élève et lui permettre ainsi de consacrer tout son temps disponible à son entraînement journalier.

Pour ne pas oublier les muscles qui ont été jugés trop faibles, l'élève prendra une feuille où il notera les exercices à faire chaque jour et il collera cette feuille près de son miroir pour l'avoir continuellement sous les yeux. Par exemple, un élève a besoin de se développer les bras, avant-bras, les deltoïdes, les grands dentelés, les cuisses et les jambes, il notera les exercices à effectuer jusqu'à ce que l'harmonie du corps soit rétablie, soit : exercices 1, 2, 4, 5, 7, 10, 11, 13, 15. Il n'aura donc qu'à s'occuper uniquement de ces mouvements en attendant de se livrer à des exercices généraux.

De cette manière, chacun est sûr de ne rien laisser passer, car on est toujours enclin à travailler les muscles déjà forts et à oublier ceux qui ont le plus besoin de se développer.

En procédant de cette manière, on arrivera à se développer harmonieusement et à posséder une belle force musculaire. Nous mettons l'élève en garde contre l'ennui des débuts. Il est vite vaincu, pour peu qu'on ait la volonté et la foi. Bientôt le temps de l'entraînement deviendra un véritable jeu, une distraction dont on ne pourra plus se passer et dont on comprendra le haut but social : la régénérescence de la race. En travaillant pour soi-même, on travaillera pour ses descendants. Et quoi de plus doux que d'avoir de beaux enfants sains de corps et d'esprit ! Quel élément de bonheur que la santé ! Au point de vue économique, pas de médecins, pas de malades à la maison, pas de tracas, pas de chagrins, la joie au foyer de famille, l'amour des êtres sains, l'allégresse sereine d'un bonheur que rien ne vient troubler.

Pour l'employé et l'ouvrier, après avoir terminé sa semaine d'entraînement, le dimanche sera employé en excursions à pied, à bicyclette pour respirer l'air pur des espaces. Du canotage, de la natation, de la course à pied, de la marche, de la meilleure gymnastique en plein air sous le bon soleil.

Quand on a passé toute sa semaine enfoui dans un bureau, dans un magasin ou dans un atelier, il n'est que trop légitime d'aller se retremper dans le bain de Jouvence de l'éternelle nature, loin des villes empestées et fiévreuses, sous le grand ciel limpide, parmi l'impérissable beauté des choses.

On a sans doute déjà fait l'observation que nous n'avons préconisé jusqu'ici que la méthode d'entraînement dite des poids légers. Ce n'est nullement par esprit d'exclusivisme à l'égard des poids moyens et des poids lourds, mais seulement parce que nous n'avons eu en vue que les élèves ne pouvant disposer que de peu de temps. Et comme, somme toute, la pratique des poids légers l'emporte de beaucoup en efficacité sur toutes les autres, qu'elle permet même un entraînement à la rigueur complet, nous l'avons expliquée de préférence. Mais pour ceux dont la situation de fortune procure plus de loisirs, qui étant mieux nourris, jouissant de plus de repos et ayant conséquemment à leur disposition une plus grande quantité d'énergie disponible, nous conseillons plus d'exercices et des exercices plus violents. Pour eux, poids légers le matin en se levant; tous les deux jours, poids moyens le matin; deux fois par semaine, poids lourds, l'après-midi vers quatre heures. (Pour la méthode de poids moyens et poids lourds, consulter le livre *La Force physique*, par le professeur Desbonnet.)

Un grande nombre d'élèves athlètes nous ont fait l'objection qu'il était souvent difficile, pour des raisons de local, de bruit, de bris même, d'exécuter chez eux des exercices aux poids moyens ou lourds. Nous ne saurions trop leur recommander l'usage de la planche russe, excellent appareil qui permet d'exécuter presque tous les mouvements aux poids moyens et qui est agencé de telle façon que démonté il peut servir d'extenseur et de développateur (1).

Tout cela en plein air, quand le temps le permet.

Deux fois par semaine, avant le repas du soir, après l'entraînement aux poids lourds, course à pied de cinq cents à quinze cents mètres sans forcer, aller progressivement pour éviter l'essoufflement. Repos d'un quart d'heure, puis cent mètres très vite en progressant peu à peu chaque jour, et l'entraînement doit être fini pour la journée. Un bon appétit et un bon sommeil en seront la récompense.

La gymnastique aux agrès, le cyclisme, l'automobilisme,

(1) Voir aux annonces.

le canotage, l'escrime, la boxe, la canne, l'équitation sont un supplément qu'il ne faudra pas négliger.

Naturellement les sports de plein air ne se pratiquent pas dans le costume primitif de la culture physique, et nous avons souvent répété à nos élèves que le vêtement moderne ne répondait en rien aux exigences des nombreux mouvements que le corps humain est appelé à effectuer.

Les Grecs, qui, sur ce point encore, furent des maîtres incomparables, portaient, quand ils s'habillaient, des vêtements amples et commodes. Les modes modernes nous ont caparaçonné dans des vêtements étroits on ne peut plus inesthétiques et plus nuisibles au développement du corps.

Sous la poussée de vérité en matière de culture physique, qui commence à se faire jour, les plus intelligents de nos tailleurs modernes se sont mis à l'œuvre pour créer des vêtements plus en rapport avec notre idéal de beauté académique et de commodité sportive.

Nous leur recommandons tout spécialement le nouveau vêtement « automatic » Léon, breveté S. G. D. G., dû à l'ingéniosité d'un de nos artisans les plus distingués qui fut à l'exposition de 1900 classé hors concours et désigné comme membre de jury (1).

Voilà pour les heureux de ce monde. Il y a pourtant des fous parmi eux qui préfèrent à ces saines distractions l'abrutissement des cafés, les débauches sexuelles, les tripots, les lupanars, les soupers imbéciles qui leur font le teint blême, l'œil terne, et leur vident la cervelle. Ceux-là sont les produits usés de races frappées de déchéance que les dures lois de la sélection rendront au creuset de la nature. Ils n'ont qu'un intérêt de monstruosité historique et physiologique.

Ces exercices précédemment décrits qu'on peut faire en chambre seront plus profitables en plein air, cela va sans dire ; mais à tous ceux qui sont fortunés ou qui ont le temps nécessaire pour fréquenter les écoles de culture physique, rien ne vaudra la pratique de ces exercices sous l'œil d'un maître et sous la direction éclairée d'un professeur compétent. A tous ceux qui pourront disposer de deux fois une demi-heure par semaine, nous n'hésitons pas à leur recommander de se remettre aux mains du professeur Desbonnet, ils en tireront un bénéfice incomparable, dont ils me remercieront après un mois, tellement les progrès seront rapides.

(1) Voir aux annonces.

Une des raisons pour lesquelles je préconise la surveillance
d'un maître, c'est que tel exercice très salutaire pour un
jeune homme, peut être contraire à un homme d'âge mûr et
dangereux pour un vieillard, et c'est au professeur seul à
discerner ce qui convient à l'un plutôt qu'à l'autre.

Les tempéraments différents réclament des exercices diffé-

LE DOCTEUR ROUHET
l'auteur du remarquable ouvrage
sur l'*Entraînement complet de l'homme.*

rents. Il faut savoir ordonner à chacun les exercices qui
s'adaptent le mieux à sa constitution et qui tendent à en faire
un homme complet ; c'est vers la solution de cette difficulté
que doivent converger tous les efforts et toutes les études du
spécialiste en culture physique, et c'est aussi le motif qui
nous fait préférer la culture physique avec professeur à
l'entraînement chez soi sans professeur. Ne procédant ni
par voie de raisonnement ni de comparaison, on a si vite fait
de se fourvoyer et de se livrer à tel travail, tandis que c'est
tel autre qu'il conviendrait d'adopter. Cet inconvénient dis-
paraît dans une Ecole de culture physique où chaque mou-

vement n'est ordonné par le professeur qu'après une étude approfondie des conséquences qu'il doit amener, comme aussi des forces auxquelles il est emprunté. Les muscles, les nerfs, les organes, tout, dans notre économie animale, est solidaire : il est donc de la plus haute importance de ne point confondre les causes et les effets dans le service qu'on demande à chacun d'eux. De là notre préférence pour la culture physique dirigée par un professeur compétent.

Nous préférons aussi, à la culture physique en chambre, l'établissement public qui égaie, la société qui stimule et le commandement qui entraîne ; à la simplicité des appareils privés, nous préférons la multiplicité des appareils d'une école spéciale. A l'espace étroit et limité, un champ vaste et largement aéré ; à la mesquinerie, le confort, et, s'il faut tout dire enfin, à l'ignorance qui tâtonne, le savoir qui s'affirme et sait diriger.

Hydrothérapie et Balnéothérapie

*« L'âme s'étiole et s'abaisse dans une
enveloppe malsaine et frileuse. »*
JULES SIMON

Nous ne saurions passer sous silence une des parties les
plus importantes d'un entraînement complet : l'hydrothérapie et la balnéothérapie. Ces mots, d'apparence barbare et
scientifique ne doivent pas effrayer, leur principe appliqué
au sport se résume en cinq mots : *Usage rationnel de l'eau
froide*.

L'eau froide est, en effet, l'adjuvant essentiel de l'entraînement. Tandis que l'eau chaude déprime, l'eau froide
tonifie. La médication par l'eau est vieille comme le monde
et ce n'est pas le lieu de rappeler les noms illustres qui s'en
sont faits les apôtres dans la thérapeutique, depuis Hippo-
crate et Celse jusqu'à Brand. Aussi bien, au reste, ce qui
nous préoccupe ici, ce n'est que l'hydrothérapie appliquée
aux exercices physiques.

En hydrothérapie l'eau s'applique sous trois formes principales : les ablutions, affusions et tub et enfin les douches.
Les ablutions et affusions constituent les soins élémentaires
de propreté que personne ne peut négliger ; le tub est une
forme d'affusion qui consiste à verser sur le corps une certaine quantité d'eau à la température ambiante.

Les douches nous intéressent davantage et nous conseillons à nos élèves d'en faire après chaque séance d'entraînement un usage régulier. Il y a quelques précautions à
prendre : être à jeun, exécuter pendant la douche des mouvements de bras et de jambes, puis, après la douche, pour
favoriser la réaction, des massages et des frictions. Il faut
absolument éviter de se laisser saisir par le froid.

Les deux manières les plus généralement employées par
les hommes de sport sont : la pluie et le jet. La douche doit
être prise aussitôt la cessation des exercices, ne pas craindre
l'état de transpiration active dans lequel on se trouve le plus
souvent. On se place d'abord sous la pluie et on passe en-

suite au jet, puis l'on termine par une dernière douche en pluie et l'on procède alors à de vigoureuses frictions.

Les effets de la douche sont merveilleux. En dehors de la peau, qui est débarrassée des poussières et des corps étrangers qui peuvent la salir et en entraver le fonctionnement normal ; en dehors de l'accoutumance au froid qui en résulte, par conséquent de l'augmentation de résistance organique, il se produit une régularisation plus ou moins complète des grandes fonctions : circulation, hématose, nutrition.

L'athlète qui en fait usage éprouve après la douche une sensation générale de bien-être et de repos indéfinissables. Il semble que l'eau vous a donné comme une longue caresse calmante.

Nous recommandons donc à nos élèves de s'habituer aux douches froides et de les affronter vaillamment ; ils seront, au bout de très peu de temps, récompensés de leur énergie.

Pour ceux dont la situation de fortune ne permet pas l'installation relativement coûteuse d'appareils hydrothérapiques, nous conseillons pourtant l'eau froide après leur séance d'entraînement. Tout le monde peut faire l'acquisition d'une éponge que l'on trempera dans l'eau froide et dont on s'inondera le corps. On y éprouvera d'abord une certaine répulsion, mais un peu de volonté l'aura vite vaincue et transformée en habitude agréable et bienfaisante.

Les bains aussi devront être familiers à l'élève athlète ; sans aller jusqu'au quasi-héroïsme du docteur Georges Rouhet, qui les préconise même pendant l'hiver et parmi les glaçons (voir fig. page 45) nous les recommandons d'abord parce qu'ils permettent de s'exercer et de se perfectionner dans la natation, qu'il est presque honteux pour un homme d'ignorer, ensuite parce qu'ils ont une haute valeur physiologique. Ils abaissent la température du corps, la réfrigération périphérique gagnant les organes profonds. Mais ce n'est pas leur seule action ; à côté de la sédation qu'ils exercent sur le système nerveux, ils agissent puissamment sur la nutrition, en augmentant le nombre des hématies et en facilitant la formation de l'oxyhémoglobine ; sur la circulation, en abaissant le nombre des pulsations cardiaques, qu'il rend plus fortes, et en ramenant la pression artérielle à la hauteur physiologique ; par là, il décongestionne le rein, facilite la diurèse et l'élimination des toxines ; sur la respiration enfin, en décongestionnant le poumon et en calmant ainsi la dyspnée.

Ces quelques considérations d'ordre plutôt spécial suffi-
ent à montrer l'importance que nous attachons à l'hydro-
hérapie et à la balnéothérapie. Elles sont indispensables à
élève qui voudra parvenir à cet idéal en deux parties : la
orce et la santé, dont la synthèse et la poésie est la beauté,
ut suprême que nous n'oublions jamais.

LE DOCTEUR GEORGES ROUHET PRENANT SON BAIN PARMI LES GLAÇONS

De l'entraînement par Correspondance

Le plus grand inconvénient du travail en chambre avec appareils divers tels que haltères ordinaires ou à ressorts, developer, extenseurs, exerciseurs de tous systèmes, planche américaine, barres à sphères, etc., c'est le manque de professeur pour guider l'élève, le conseiller, et lui faire exécuter les exercices qui lui conviennent spécialement selon son âge, son tempérament, ses défauts physiques auxquels il faut remédier. L'élève marche alors à l'aveuglette, travaille n'importe quoi, et quelquefois se livre à un exercice qui développe précisément la partie du corps qui en a le moins besoin.

A tous, il faut un maître qui connaisse parfaitement la physiologie et qui gradue pour chacun le travail selon ses aptitudes et ses besoins. Malheureusement, tous n'ont pas le moyen ni ne se trouvent pas, pour un grand nombre de raisons, en possibilité de se confier à un professeur, ou d'aller dans un établissement de culture physique.

Tous peuvent cependant trouver le temps de travailler chez eux. Nous avons imaginé le moyen de rendre pour eux l'entraînement aussi efficace qu'il pourrait l'être sous l'œil même du maître. Sans être présent à leurs séances de travail, le maître de loin les suivra dans leurs progrès, leur donnera les conseils qui leur permettront facilement d'acquérir la beauté et la force.

La poste, rapide et sûre, a pour ainsi dire supprimé aujourd'hui les distances, et un élève habitant Marseille pourra, grâce au système d'entraînement que nous innovons, suivre un entraînement rationnel par la poste presque aussi profitable qu'il pourrait le faire en présence du professeur.

L'expérience que nous avons acquise nous permettra de guider sûrement ceux qui s'en remettront à nous. Il leur suffira, pour ce faire, de répondre aux questions posées, de copier la feuille ci-contre et de nous l'envoyer.

Nous verrons ainsi facilement quels sont les exercices qui

nviennent à chacun, et nous donnerons à tous les moyens
e se développer rapidement avec les appareils que l'on pos-
de déjà et dont on n'a rien tiré par ignorance.

Voici la liste des appareils généralement en usage : haltères
rdinaires (indiquer le poids), haltères creux, haltères à res-
orts (indiquer la force en nombre de ressorts) caoutchoucs, Mi-
helïn, Zofri, Sandow's, Mac-Fadden, Parent, Whitely,
lanche russe ou américaine, etc.

Chaque élève recevra séparément les instructions néces-
aires pour le travail à ces divers appareils, accompagnées de
ravures qui en rendront la compréhension extrêmement
acile.

Manière de prendre les mensurations

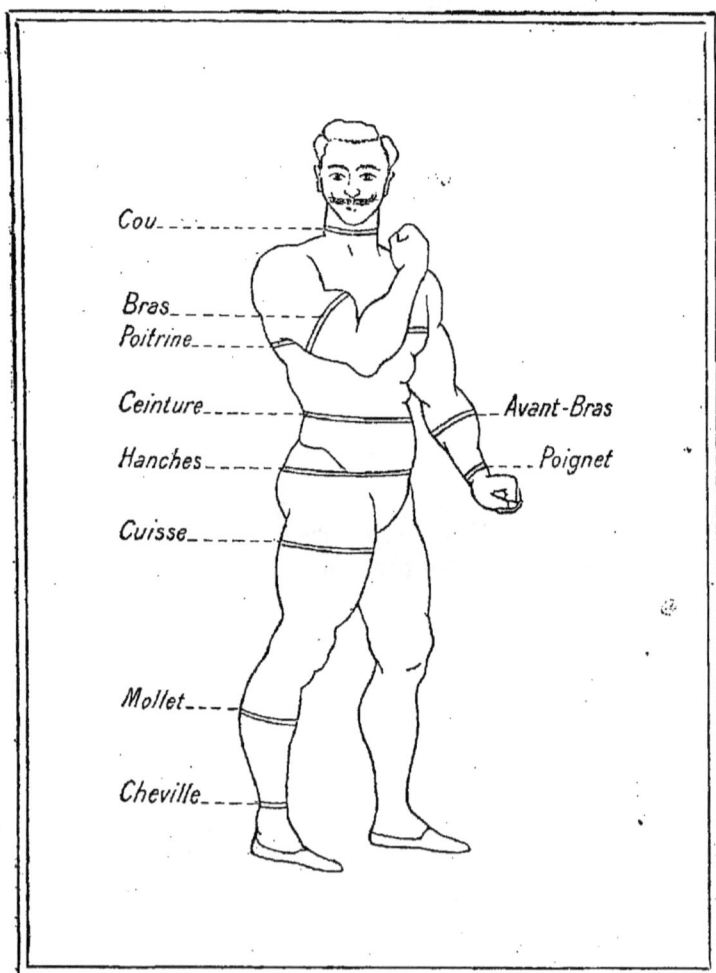

Cou

Bras
Poitrine

Ceinture —————————————— Avant-Bras

Hanches —————————————— Poignet

Cuisse

Mollet

Cheville

Bulletin d'entraînement personnel par lettre cachetée

Remplir ce bulletin et l'envoyer avec mandat au DIRECTEUR DE LA CULTURE PHYSIQUE INTÉGRALE ET INDIVIDUELLE, 10, *rue Pestalozzi, Paris* (V^e).

Nom de l'élève :
Adresse :
Age :
Profession :
Taille :
Poids :
Tour de la poitrine à l'état d'expiration complète :
— — — d'inspiration complète :
Ceinture :
Bras droit :
Bras gauche :
Avant-bras droit :
Avant-bras gauche :
Cou :
Cuisse droite :
 — gauche :
Mollet droit :
 — gauche :
Poignet :
Cheville :
Hanches :
Donner quelques détails sur l'état du cœur, des poumons, des viscères abdominaux (hernies), sur les affections de ces organes qu'on pourrait avoir à redouter.
Y a-t-il une partie du corps qu'on désire voir se développer principalement?
Laquelle ?

Tarif de l'entraînement

1 consultation valable pour un mois................ 5 fr.
1 consultation mensuelle pour trois mois.......... 13 »
1 consultation mensuelle pour un an.............. 45 »
Consultation spéciale pour cas spéciaux :
(Obésité, déviations, lymphatisme, rachitisme, etc.)
Indications du régime à suivre, alimentation, etc.
 1 consultation... 15 »

4.

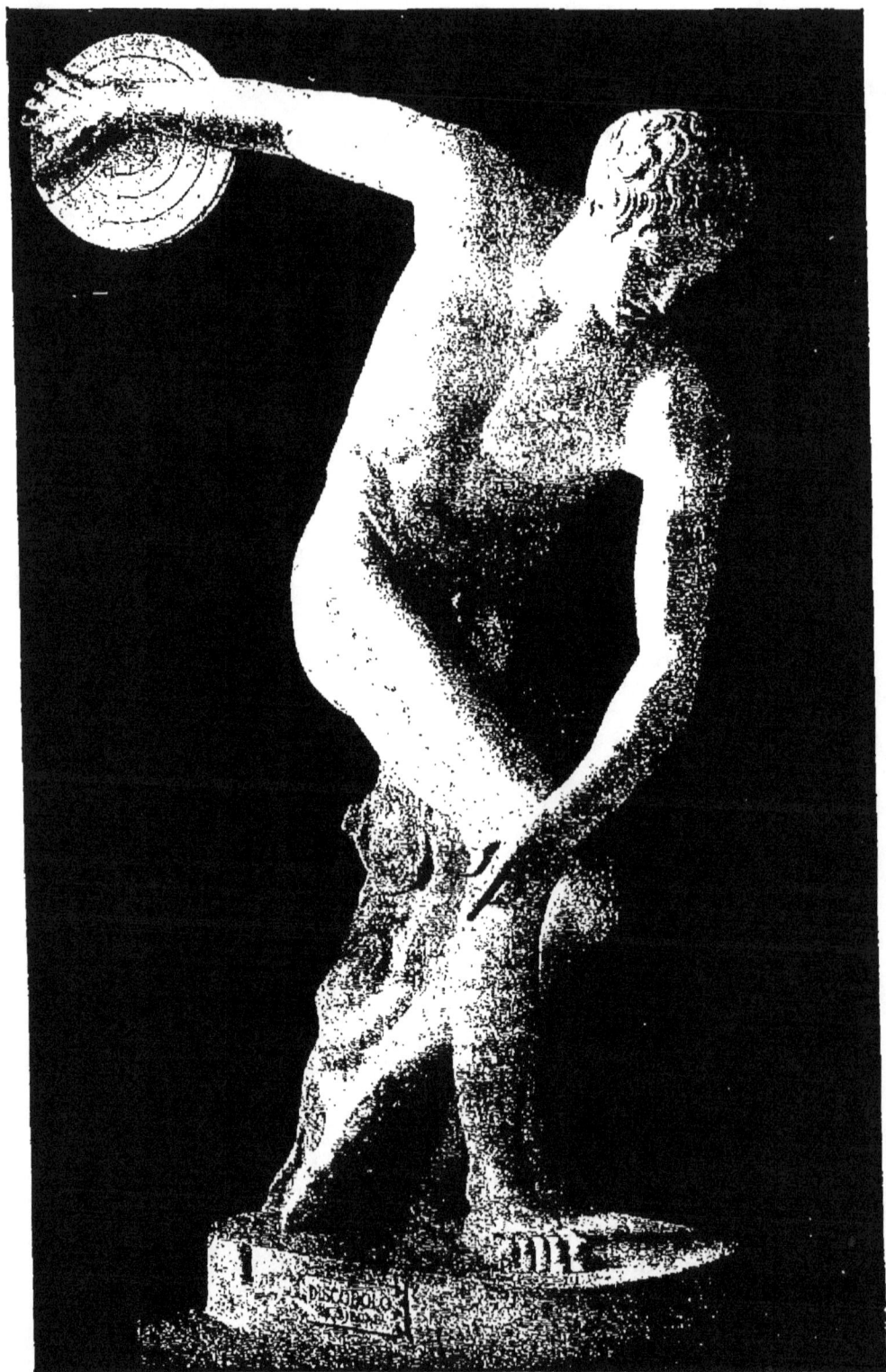

LE DISCOBOLE (EN ACTION)

LES PLUS BEAUX ATHLÈTES FORMÉS PAR LA CULTURE PHYSIQUE
En France, méthode Desbonnet

Pourquoi mépriser le muscle vi vant, quand vous admirez s n imi tation faite de marbre ou de bronze

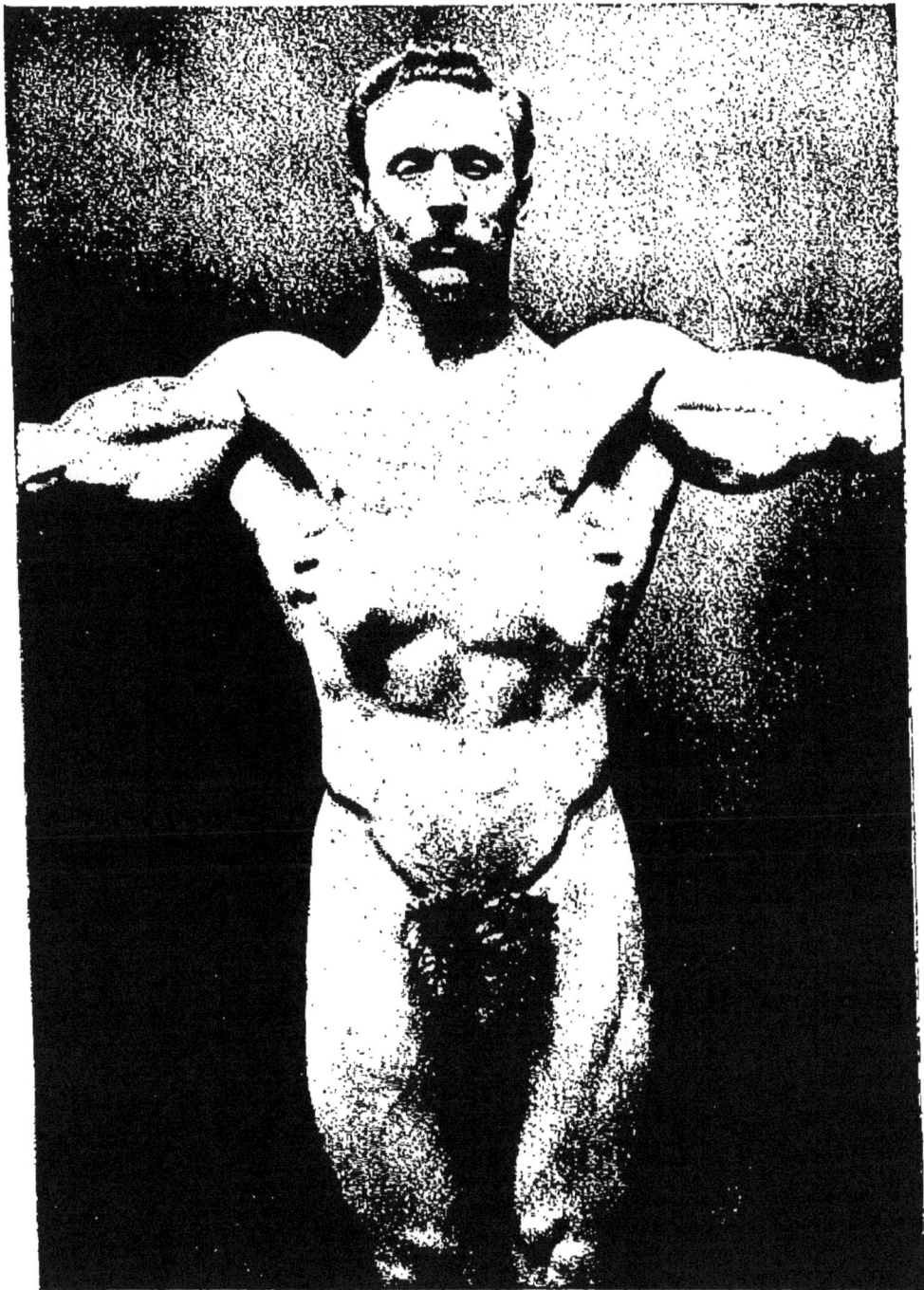

V. PENDOUR

Mensurations des principaux athlètes dont les photographies suivent

V. PENLOUR.

Hauteur, 1 m. 67.
Poitrine, 112 cm.
Bras, 41.
Avant-bras, 32,25.
Cuisses, 56.
Mollets, 38.
Ceinture, 75.

MERHEIM.

Hauteur, 1 m. 68.
Poitrine, 112.
Bras, 42,5.
Avant-bras, 32.
Cuisses, 58.
Mollets, 40,5.
Ceinture, 78.

L. SÉE.

Hauteur, 1 m. 67.
Poitrine, 112.
Bras, 39.
Avant-bras, 33,5.
Cuisses, 61.
Mollets, 40.
Ceinture, 78.

FORESTIER.

Hauteur, 1 m. 68.
Poitrine, 118.
Bras, 41.
Avant-bras, 33.
Cuisses, 65.
Mollets, 41.
Ceinture, 77.

MARCHAND.

Hauteur, 1 m. 80.
Poitrine, 127.
Bras, 41.
Avant-bras, 33.
Cuisses, 65.
Mollets, 40,5.
Ceinture, 82.

ROUMAGEON.

Hauteur, 1 m. 70.
Poitrine, 115.
Bras, 41.
Avant-bras, 35.
Cuisses, 61.
Mollets, 42,5.
Geinture, 74.

D'APREMONT.

Hauteur, 1 m. 72.
Poitrine, 112.
Bras, 39.
Avant-bras, 31.
Cuisses, 58.
Mollets, 39.
inture, 72.

BOLONACHI.

Hauteur, 1 m. 70.
Poitrine, 105.
Bras 37,5.
Avant-bras, 31,5.
Cuisses, 57,5.
Mollet, 38,5.
Ceinture, 68.

E. EBEL.

Hauteur, 1 m. 72.
Poitrine, 120.
Bras, 42,5.
Avant-bras, 33,5.
Cuisses, 63.
Mollets, 39.
Ceinture, 84.

RODOLPHE.

Hauteur, 1 m. 675.
Poitrine, 112.
Bras, 37.
Avant-bras, 31.
Cuisses, 58.
Mollets, 37.
Ceinture, 70.

NIFLE.

Hauteur, 1 m. 72.
Poitrine, 114.
Bras 40,5.
Avant-bras, 32,5.
Cuisses, 58.
Mollets, 38,5.
Ceinture, 88.

RUFFIN.

Hauteur, 1 m. 70,
Poitrine, 108.
Bras, 36.
Avant-bras, 30,5.
Cuisses, 58.
Mollets, 38,5.
Ceinture, 71.

CHAPELIER.

Hauteur, 1 m. 66.
Poitrine, 101.
Bras, 35.
Avant-bras, 29.
Cuisses, 52.
Mollets, 35.
Ceinture, 67.

BÉRANGER.

Hauteur, 1 m. 65.
Poitrine, 110.
Bras, 37.
Avant-bras, 31.
Cuisses, 57.
Mollet, 38.
Ceinture, 74.

L. BALLY.

Hauteur, 1 m. 72.
Poitrine, 112.
Cou, 43.
Bras, 40.
Avant-bras, 32,5.
Cuisses, 60.
Mollets, 38 1/2.
Ceinture, 80.

L. BONNES.

Hauteur, 1 m. 69.
Poitrine, 108.
Bras, 39.
Avant-bras, 32,5.
Cuisses, 58.
Mollets, 38.
Ceinture, 73.

VAN HIXEN.

Hauteur, 1 m. 78.
Poitrine, 118.
Bras, 41.
Avant-bras, 33.
Cuisses, 61.
Mollets, 40,5.
Ceinture, 78.

J. ALLEMAND.

Hauteur, 1 m. 72.
Poitrine, 114.
Bras, 39.
Avant-bras, 33.
Cuisses, 58.
Mollets, 38.
Ceinture, 76.

MORY.

Hauteur, 1 m. 68.
Poitrine, 103.
Bras, 35.
Avant-bras, 28.
Cuisses, 57.
Mollets, 37.
Ceinture, 69.

HARMENTAL.

Hauteur, 1 m. 72.
Poitrine, 112.
Bras, 38.
Avant-bras, 31.
Cuisses, 57.
Mollets, 38,5.
Ceinture, 72.

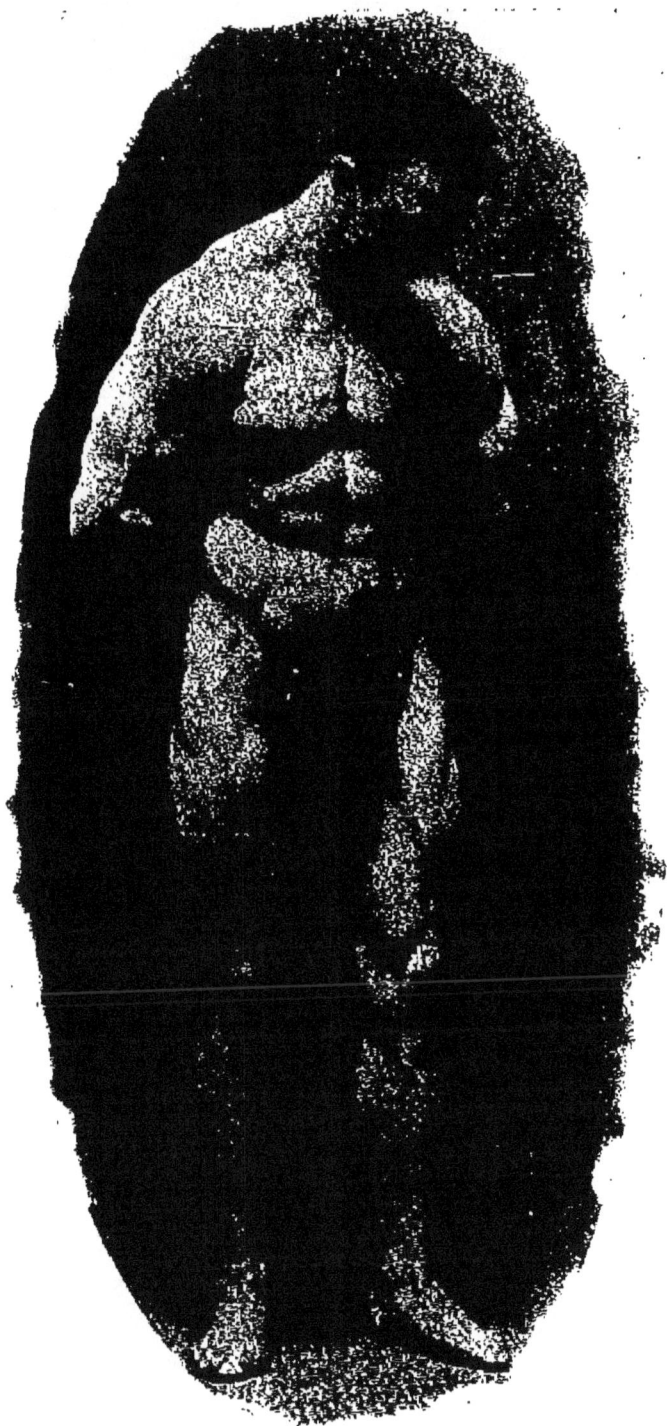

V. PENDOUR

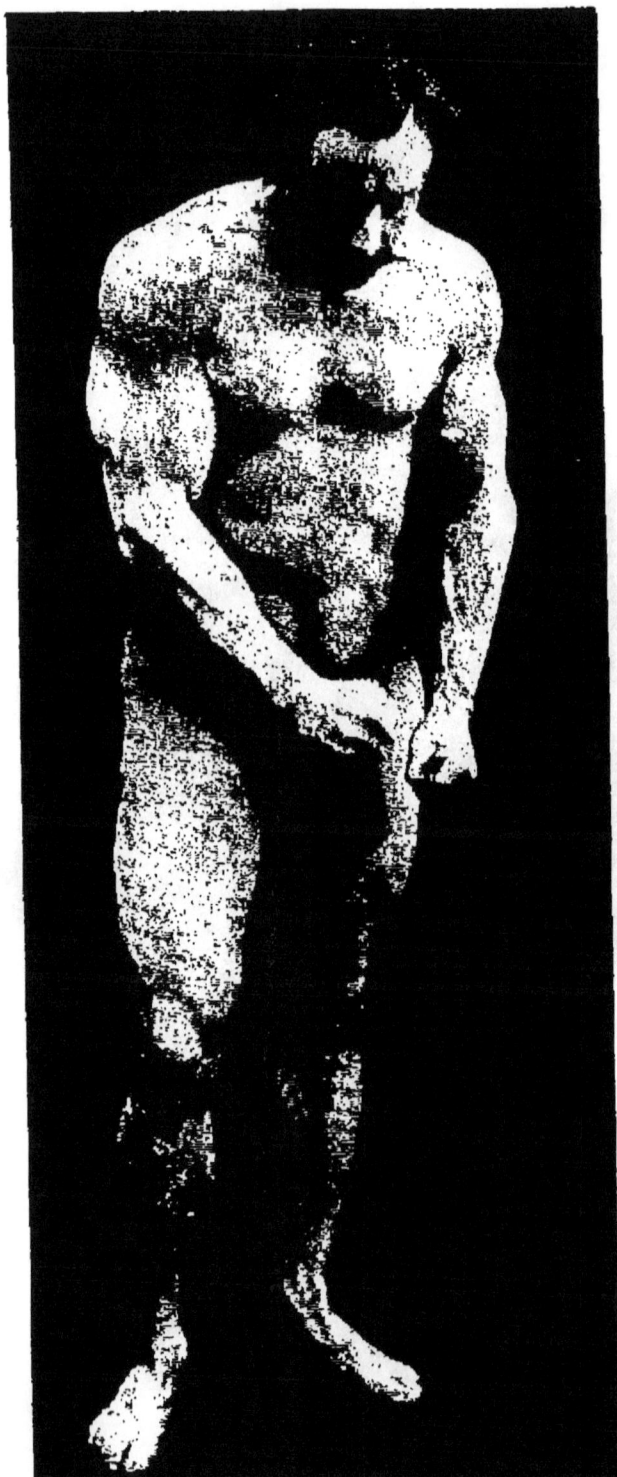

MERHEIM

L. SÉE

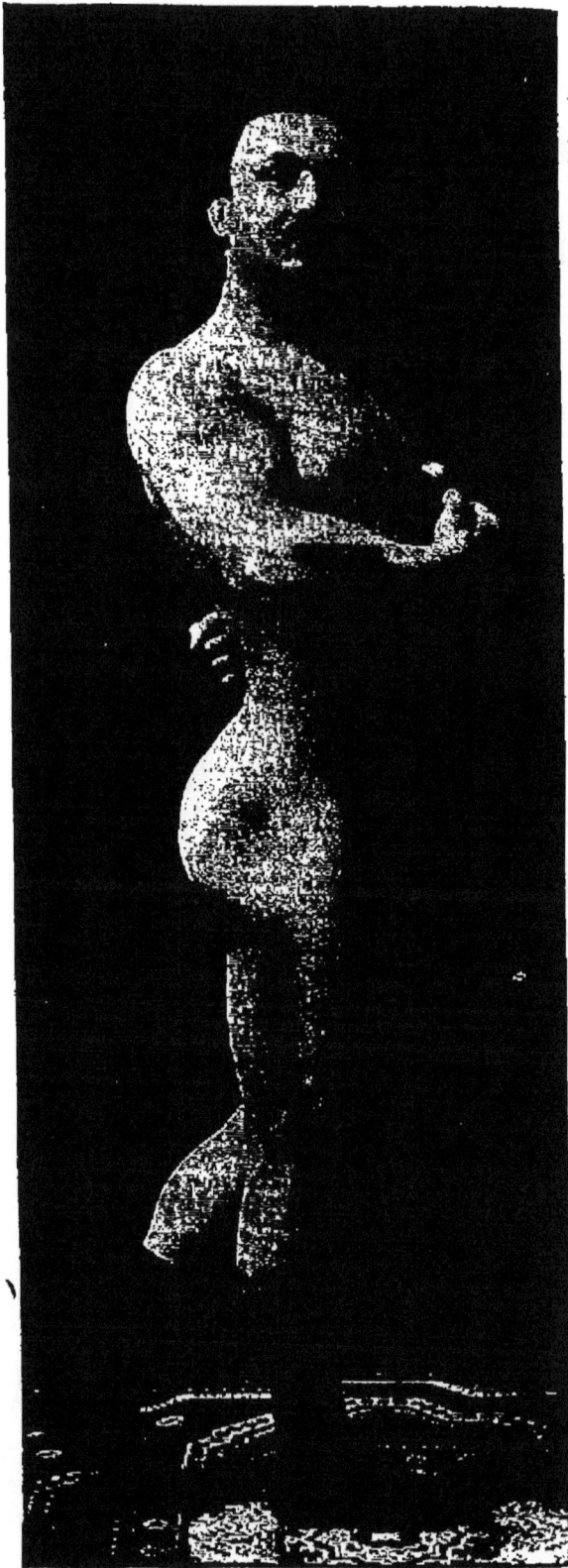

FORESTIER

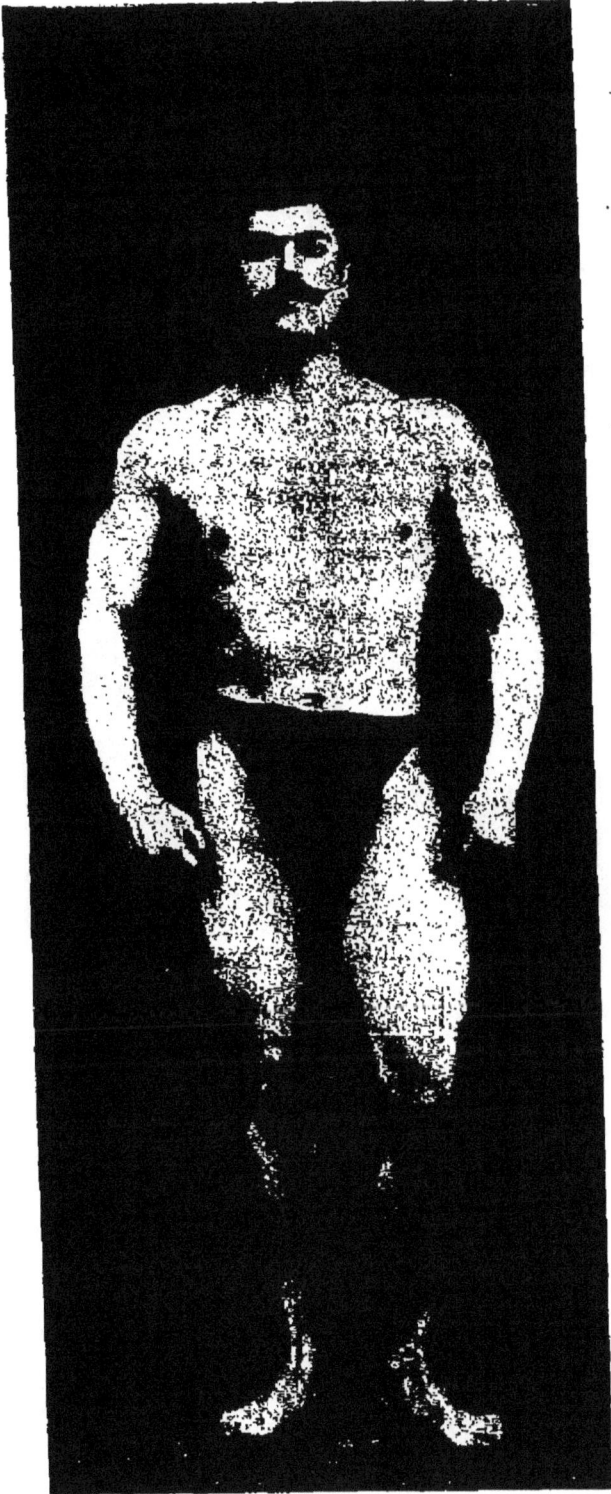

M. MARCHAND

MARCHAND

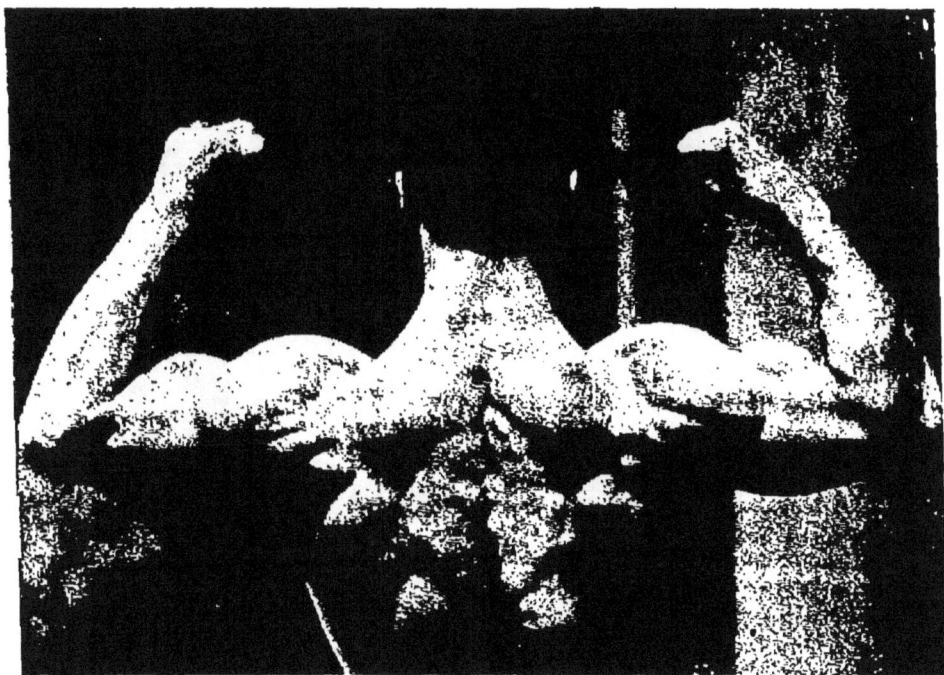

V. PENDOUR

L. BONNES
(Amateur de Buenos-Ayres)

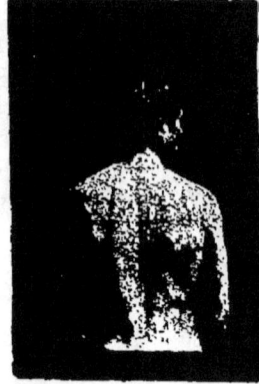

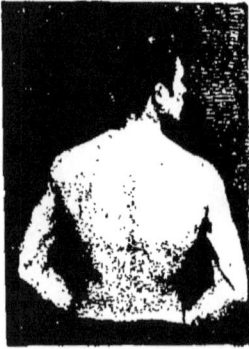

RODOLPHE T.
Ce qu'est devenu un jeune homme faible en 6 mois de culture physique.
(*Examiner le sujet de gauche à droite*)

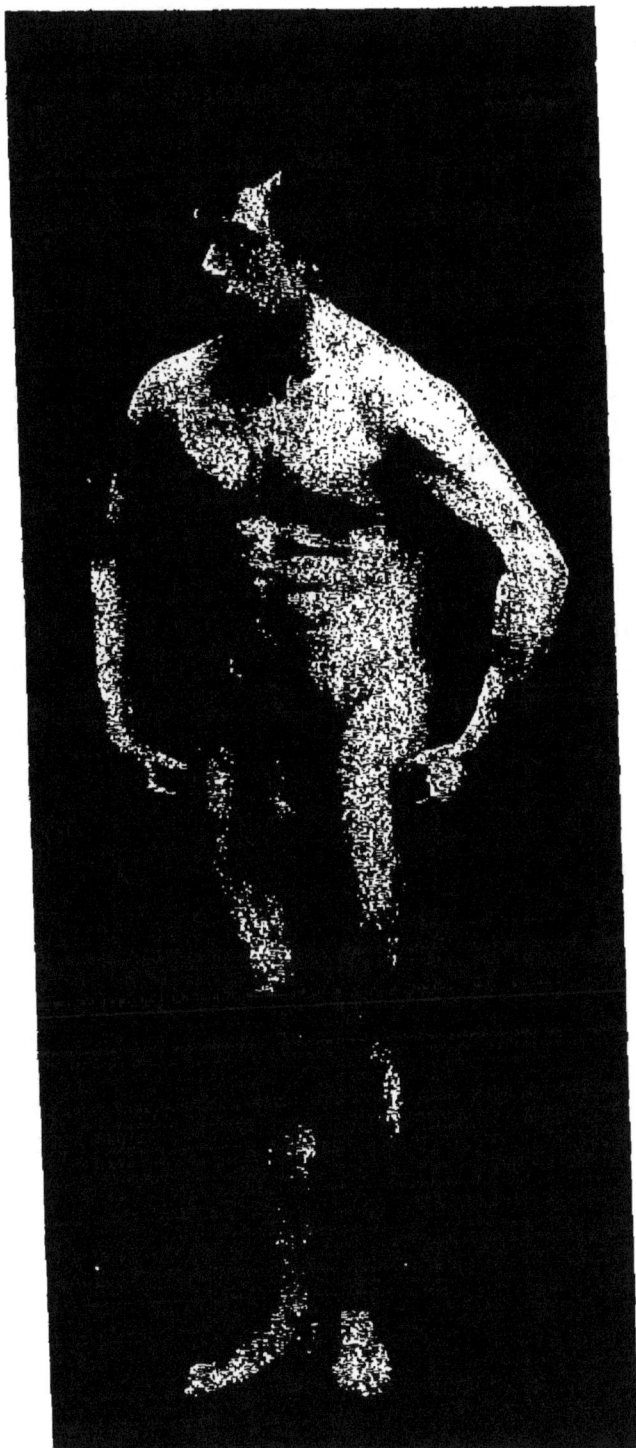

L'INSTRUCTEUR RODOLPHE
Après 6 mois de culture physique

Des dangers du Surmenage

*La nature a donné à nos forces des limites qu'il est
fou de vouloir dépasser.*

« On prétend qu'un verre de vin soutient, disait un ivrogne,
j'en ai bu dix et je ne tiens plus debout. »

Quelque superficielle que paraisse pourtant cette boutade
au premier abord, elle contient un enseignement précieux
en matière d'éducation physique. L'excès en tout est mauvais, les meilleures choses prises en grande quantité produi-
sent des effets funestes. Un verre de vin tonifie, dix verres
de vin enivrent et font perdre à l'homme sa dignité et sa raison ; le lait et les œufs sont d'excellents aliments, on connaît
pourtant des cas d'empoisonnement produits par leur usage
exclusif. Il ne faut pas abuser, même des meilleures choses.
C'est d re qu'il ne faut même pas abuser des sports.

C'est pourtant un défaut fort commun parmi les sportsmen
qui rééditent chaque jour le même exercice et s'y spécialisent
pour arriver à éclipser leurs rivaux et à ébahir leurs contemporains. Nombreux sont, par exemple, les coureurs à pied
qui seraient incapables, en dehors de leur sport, d'être de
simples sujets ordinaires dans les autres exercices du corps.
Ce sont des incomplets et ce n'est pas notre but d'en créer.

Les haltères dosés et pratiqués comme nous l'enseignons
dans cet ouvrage font un bien énorme, la course à pied, la
marche, la bicyclette, l'équitation, la boxe, l'escrime, la
natation sont des sports excellents, leur abus mène aux
pires dénouements, à des infirmités, à l'usure prématurée.

L'athlète qui travaille pour sa santé est l'image de celui
qui boit un verre de vin pour se soutenir ; celui qui travaille
pour la galerie ressemble à l'imprudent qui en boit dix et
s'enivre.

Il ne faut pas chercher à faire plus fort qu'on ne le peut.

Quel que soit le sommet auquel on puisse parvenir, il y a
toujours un moment où la force que l'on est susceptible d'acquérir est atteinte et ne peut être dépassée. Arrivé à ce point
il faut se résigner à s'arrêter, vouloir monter plus haut

M. X...

encore est une sotte et néfaste ambition. Chaque résistance nouvelle à vaincre demande un effort nouveau tel qu'en bien des cas la tension est assez extrême pour provoquer une lésion musculaire.

D'autre part, cette dépense d'énergie provoque un grand afflux de sang, obligeant le cœur et les poumons à soutenir un effort puissant, ce qui occasionne souvent l'élargissement des valvules du cœur, en produisant une dangereuse forme de maladie de ce viscère, qui peut amener la rupture d'un vaisseau sanguin, soit dans les muscles, soit le plus souvent dans les poumons. Ceci explique la mort de nombreux athlètes qui succombent encore jeunes à une maladie du cœur ou à une rupture des vaisseaux sanguins dans les poumons.

De plus, toute résistance musculaire, grande ou petite, n'est jamais surmontée que par les nerfs mis en jeu par la volonté. Pour accomplir un exercice exigeant un effort, le maximum de pouvoir de la volonté doit être dépensé. Vous voyez le résultat : le sang se porte aux parties du corps accomplissant le travail bien plus qu'à celles inoccupées, et comme le cerveau, ainsi que les muscles des bras et des épaules, sont au travail, tout le sang afflue vers eux, remplissant complètement les vaisseaux sanguins. De cet état désordonné des nerfs il résulte souvent une congestion. Pour vous en convaincre, essayez de lever un objet pesant au-dessus de votre tête et vous remarquerez comme le sang se porte à la tête, surtout dans l'exercice dit du développé à deux mains.

Dans une lutte entre Ernest Roeber, l'Américain, et Beck Olsen, le Danois, les deux adversaires se forcèrent tellement qu'ils saignèrent du nez, sans pourtant s'être porté aucun coup sur cet organe. Personne ne pensera que de pareils exercices puissent être salutaires et que des exercices de ce genre favorisent la longévité.

C'est pour toutes ces raisons que nombre de lutteurs, d'hommes forts, de lauréats de concours d'athlétisme, meurent jeunes. Kennedy, l'athlète qui soulevait 500 kilos avec les deux mains et 1.500 kilos avec le dos, est mort d'une maladie de cœur à 40 ans; Kara Ahmed, le lutteur turc, est mort d'un transport au cerveau à 35 ans; le boxeur Peter Jackson à 40 ans. Tous, au fond, ont été emportés par les excès d'efforts auxquels ils s'adonnaient, tués ou usés prématurément.

V. D'APREMONT

Les mêmes observations peuvent être faites au sujet des coureurs à pied, des cyclistes, etc., de tous ceux qui n'obéissent pas, dans leur entraînement, aux règles de la saine raison et ne bornent pas leurs efforts aux limites prescrites par la nature elle-même. Il faut toujours rester en dessous de sa force et avoir l'impression qu'on pourrait faire mieux encore, mais qu'on ne le veut pas, parce que c'est dangereux et que c'est inutile.

Le surmenage a tué déjà des légions d'athlètes. Qu'on cherche les champions de tous les sports violents qui arrivent seulement à l'âge de 45 ans, sur cent on en trouvera difficilement dix.

Voici les noms de quelques-uns, tous décédés avant 45 ans, d'aucuns avant 35 ans :

FAOUET, ROLLIN, ARPIN, BLAS, MEISSONNIER, ALFRED DE PARIS, LEMONNIER, ARTHUR LINTON, CHAPPE, J. PIERRE LE LABOUREUR, KARA-AHMED, VIGNERON, CARL ABS, DOUBLIER, E. NAUCK, KENNEDY, BILLIET, BAZIN, LES DEUX ACHILLE, ALIX, ETC.

Ce n'est assurément pas à raccourcir la vie humaine que tend la culture physique et nous ne saurions conséquemment trop mettre nos élèves en garde contre les dangers de l'entraînement inconsidéré.

Ne croyez pas que pouvoir soulever un lourd poids implique nécessairement la possession d'un grand pouvoir vital. L'exercice trop violent qui vous accable et vous déprime est un pas que vous faites vers la mort; le mouvement modéré, harmonieux et récréatif combiné avec un régime régulier d'hygiène et de bonne santé morale est un brevet de vie heureuse, bien remplie et longue.

Cette vérité aussi est en marche et rien ne l'arrêtera non plus. Le Dr Reece, un savant anglais, disait dernièrement à un de nos amis que les familles anglaises ne voulaient plus que leurs enfants suivissent l'entraînement intensif des collèges de Cambridge et d'Oxford, car on commençait à remarquer avec étonnement que tous ou presque tous ceux qui avaient fait partie des fameuses équipes d'Oxford et de Cambridge, mouraient jeunes et arrivaient rarement à plus de 40 ans, beaucoup s'en allaient vers 35 ans. Cela était le résultat du surmenage que les étudiants s'imposaient pour vaincre leurs adversaires.

Et le Dr Reece ajoutait qu'en Angleterre, en Amérique, la culture physique telle que nous l'entendons était à l'ordre du jour des préoccupations de tous ceux qui s'intéressent à l'avenir de l'espèce humaine et à son bien-être.

Dans l'échelle du progrès, de l'élévation vers la perfection, la culture physique vient à son heure accomplir sa besogne bienfaisante.

La moralité de la culture physique

» *Je suis fort parce que je suis chaste* »,
disaient les anciens chevaliers.

Dans la période de l'adolescence, l'aiguillon de la chair se fait tôt sentir. Les faibles sont plus enclins à l'écouter que les forts et ils en éprouvent plus impérieusement les excitations.

La vie en plein air chasse les désirs sexuels et les rend moins vifs que la vie renfermée. Mais c'est surtout à la ville que le jeune homme a besoin d'être prémuni contre les tentations qu'il rencontre à chaque pas dans la rue, dans les réunions mondaines, etc.

On ne saurait trop insister sur le danger qu'il y a pour les jeunes gens à peine venus à la puberté à se livrer aux actes de la génération; l'arrêt de la croissance et du développement musculaire, une maturité trop précoce, l'anémie, l'appauvrissement général de l'organisme, la tuberculose implacable en sont trop souvent les conséquences.

La spermatose met tout le système nerveux dans un tel ébranlement que Démocrite l'a comparé à un petit accès d'épilepsie. C'est la fonction assurément la plus transcendante de l'humanité, mais par cela même plus graves et plus dangereux sont les troubles, les maux qui résultent de l'abus de son exercice. L'émission séminale exténue le corps, autant à cause de la soustraction de ce fluide, qui est en quelque sorte la quintessence du sang élaboré avec parcimonie, que par la secousse, l'ébranlement nerveux qui l'accompagne.

La fonction génératrice est la preuve et le couronnement de la puissance organique, les jeunes gens devront attendre qu'ils l'aient atteinte.

Le peu que nous disons d'une fonction essentiellement prévue par les lois de la nature suffit à faire comprendre avec quelle énergie et quel dégoût nous condamnons les habitudes solitaires qui, malheureusement, sont extrêmement fréquentes parmi la jeunesse des deux sexes.

On a tracé de cet abus sensuel et prématuré de soi-même

ROUMAGEON

les plus noirs tableaux et nous renvoyons aux ouvrages spéciaux sur la matière. Qu'il nous suffise de rappeler ici que la phtisie ou consomption, les anévrismes, les palpitations, les tremblements, les convulsions, l'éclampsie, l'épilepsie, la paralysie, les gibbosités ou les déviations de la colonne vertébrale, les troubles des sens, perte de la mémoire, diminution et même perte des facultés intellectuelles, l'idiotie, l'abrutissement en sont les plus ordinaires résultats. Si, par hasard, le masturbateur invétéré arrive à l'âge de la virilité, il ne jouit que d'une santé precaire, d'une vie courte vouée à la tristesse et à l'impuissance. Il doit d'autant plus renoncer aux joies de la paternité qu'il transmettrait à ses enfants rachitiques sa constitution détériorée.

Ce n'est pas précisément le but que se propose la culture physique et cela explique pourquoi un pareil sujet trouve ici sa place et sa légitimité. La culture physique n'a nullement des prétentions de pédantisme ni de pudibonderie; elle n'a, au contraire, que l'ambition de faire besogne de vérité, d'inspirer aux siens le plus haut respect et la plus profonde admiration pour les œuvres de la nature. Si aux jeunes gens incomplètement formés elle interdit l'amour, ce n'est pas par ascétisme, c'est, au contraire, pour leur permettre d'en goûter plus tard les joies dans toute leur intensité. Elle est moralisatrice parce qu'elle est vraie.

Ce qui nous importe, ce n'est pas de créer des êtres bourrés de vaines notions morales, c'est d'en faire des êtres forts et beaux, sûrs que par là ils seront moraux.

Croyez-vous que si nous disons à nos élèves que la sécrétion et l'émission forcées du fluide séminal sont préjudiciables à l'économie, que si la perte de 30 grammes de ce fluide équivaut à celle de 1.200 grammes de sang, c'est que nous entendons frapper l'amour d'anathème? Loin de nous cette pensée. Si nous disons cela, c'est parce que la science l'affirme, c'est que nous voulons montrer aux jeunes gens qu'une fonction aussi importante et aussi répercutante sur tout l'organisme ne peut s'accomplir sans danger que de la part d'un être arrivé au terme de sa formation.

Les Grecs, nos immortels maîtres, avaient fait à la fois de Libitine la déesse des plaisirs et des funérailles : Vénus et Proserpine, la Vénus génératrice et la Vénus homicide. Nous ne voulons faire connaître à nos élèves que les baisers de la première.

La morale courante est encore tissée de tant d'irréel et de préjugés que les parents n'osent pas, la plupart du temps, aborder ce sujet et préfèrent par timidité et par pruderie laisser incomplète l'éducation de leurs enfants, les exposant ainsi sans défense aux dangers de l'ignorance et des désirs précoces. Ce n'est pas moral et c'est absurde. Rien n'est aussi funeste que l'ignorance et d'autant plus qu'on ne dissimule rien aux enfants, qu'on les laisse simplement se dévoyer et trébucher dans les sentiers du vice. Si vous voulez en préserver les êtres qui vous sont chers, enseignez-leur en le danger et le dégoût. Au reste, cette ignorance des nécessaires fonctions de la vie dans laquelle on cherche à maintenir la jeunesse des deux sexes est réellement une aberration qui ne se peut comprendre. Combien par elle, en passant à côté de la vérité, sont passés à côté du bonheur!

La culture physique a le courage de tout dire à ses élèves pour leur enseigner le sens de la vraie vie, bonne et féconde, et de les mettre en état de la vivre. C'est son plus beau titre de gloire et son ambition la plus intransigeante.

Régime ; Alimentation

Use, mais n'abuse pas.

Le régime qui conviendra à l'élève athlète sera celui qui convient à un homme en bonne santé physique, intellectuelle et morale.

Toute la manière de vivre de l'athlète devra s'inspirer des plus sévères données de l'hygiène. Beaucoup de repos lui sera nécessaire, huit heures de sommeil au moins. Il est de toute simplicité qu'il ne faudrait pas, sous prétexte qu'on est entraîné et robuste, prolonger outre mesure ses veilles, surtout dans l'atmosphère empuantie d'un café,et pour la même raison démontrer sa supériorité par une absorption exagérée de boissons alcooliques. On ne réussirait ainsi qu'à démontrer sa supériorité dans la sottise et à rendre complètement inefficace l'entraînement auquel on perd son temps par pure gloriole.

Pas de surmenage d'aucune sorte, mais une existence sagement distribuée, comme, au reste, l'impose à tous les gens raisonnables le souci de leur santé.

La sobriété est une des principales qualités que doit posséder ou acquérir quiconque veut rendre fructueux son entraînement. Cela n'exclut pas pourtant la préoccupation de se bien nourrir. Au contraire, l'athlète doit bien manger et manger beaucoup, en proportion de ce qu'il dépense, pour réparer ses pertes et pour acquérir. J'entends bien qu'on proteste et qu'on se récrie que le peuple, lui, n'a pas le moyen de se bien nourrir. Qu'on se rassure, par se bien nourrir, nous n'entendons pas se nourrir d'aliments recherchés et coûteux, nous entendons se nourrir, au contraire, simplement mais en recherchant parmi les aliments non ceux qui vident le mieux le porte-monnaie, mais ceux qui fatiguent le moins l'estomac et sont les plus propres à la réfection, à la régénération, à l'amélioration qualitative et quantitative de notre sang, de nos muscles, de nos os.

La plupart des travailleurs mangent beaucoup, mais se nourrissent mal par ignorance. Il faut savoir se nourrir, faire un choix judicieux parmi les aliments non pas seule-

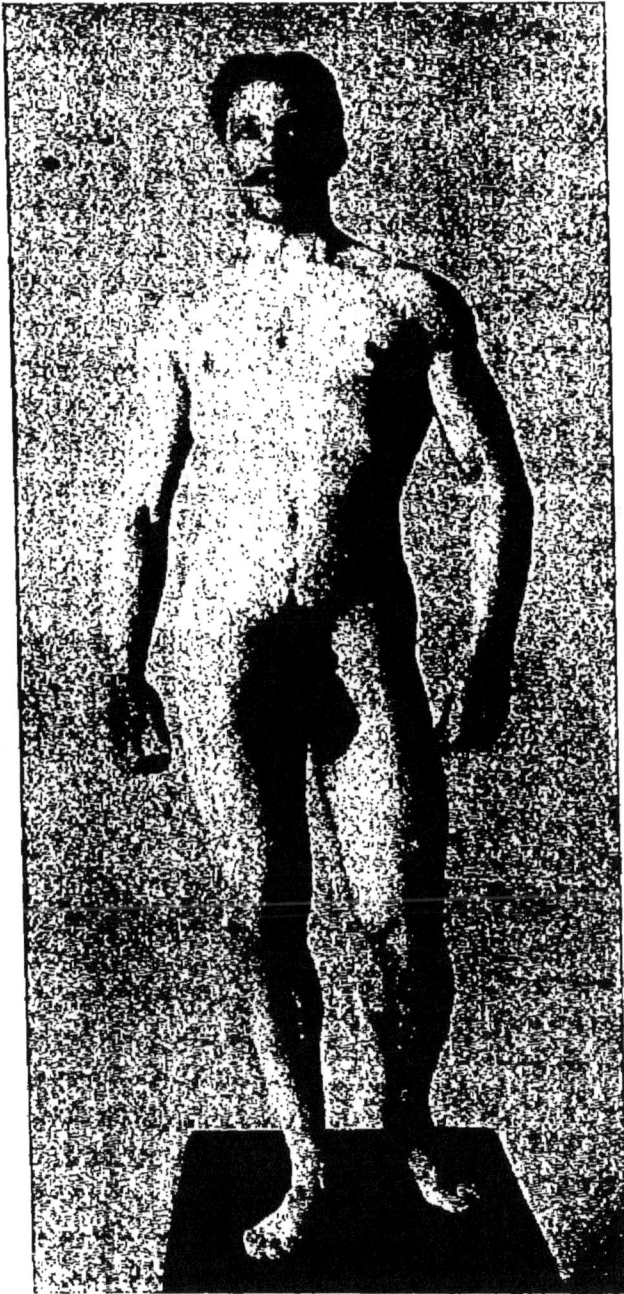

BOLONACHI

Premier prix du Concours de Beauté plastique
de la Revue *l'Education Physique.*

ment en écoutant son goût, mais encore en écoutant la science qui a indiqué avec la plus rigoureuse précision la valeur respective de nos mets.

Cela est très important ; l'alimentation joue un grand rôle dans l'entraînement de l'homme. Chez les animaux, elle suffit pour en changer les formes et l'ossature. On peut aussi modifier énormément l'homme rien que par le régime alimentaire. Pour bien s'entraîner, il faut bien savoir se nourrir, les progrès sont beaucoup plus rapides.

Pour permettre à ceux qui voudront suivre notre méthode de se nourrir judicieusement, nous mettons ci-dessous sous leurs yeux le tableau comparatif de la valeur nutritive des aliments d'après Dujardin-Beaumetz, qui fait autorité dans la matière.

Pour établir la ration alimentaire d'un individu, il suffit de jeter un coup d'œil sur ce tableau, de connaître le poids de l'individu et de savoir qu'il faut, par jour et par kilogramme de poids du corps, de 6 à 9 grammes de carbone et de 0 gr. 25 à 0 gr. 26 d'azote.

Il est évident que le régime ne doit pas être le même si vous êtes obèse ou si vous êtes maigre.

Voici le régime alimentaire que doivent suivre les personnes obèses pour maigrir. Le matin, le premier déjeuner doit se composer de pain grillé et de thé léger. Le déjeuner de midi comprend du pain grillé, viande sans graisse, œufs à la coque ou poisson à chair blanche, légumes verts, fromage non fermenté, fruits frais. Ne pas boire en mangeant, ou si la soif est trop vive, prendre du thé léger ou un peu de vin blanc coupé d'eau. Au repas du soir, s'abstenir de potage, manger toujours légèrement, de préférence des viandes blanches, légumes verts et fruits frais.

En général s'abstenir dans l'alimentation de charcuterie, poissons conservés à l'huile, féculents (pomme de terre, haricots, fèves), sauces à base de farine, mets sucrés, pâtisseries, liqueurs, sirops, bière.

Aux personnes maigres désireuses de prendre du poids non en graisse, mais en muscles, nous conseillons : le matin, chocolat avec pain beurré, au déjeuner et au dîner du soir, sardines à l'huile, avec absorption de l'huile en trempant son pain dedans, ragoûts, beefteacks ou côtelettes de mouton, lard, bœuf rôti, choisir des viandes grasses de préférence ; œufs, haricots, pommes de terre, lentilles, raisins et vin.

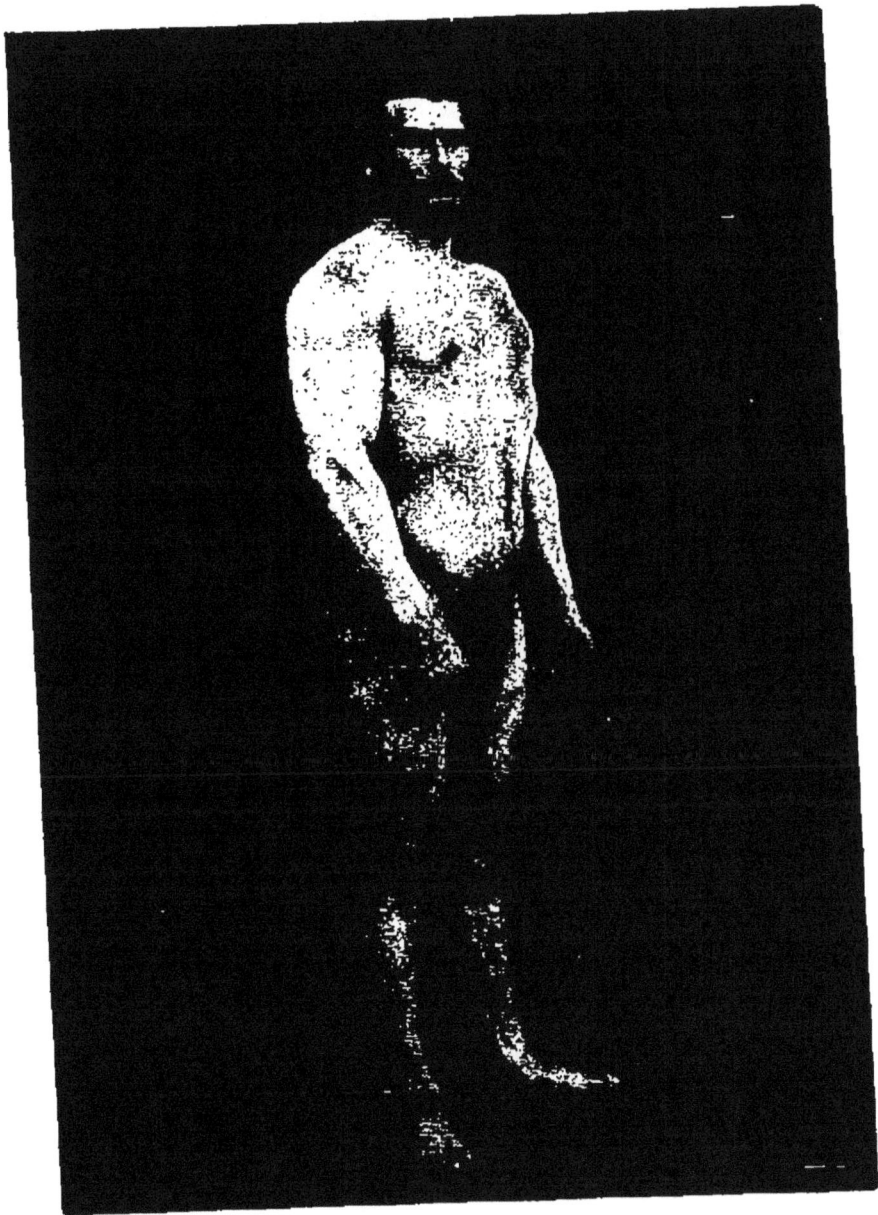

K. EBEL

Tableau comparatif de la valeur nutritive des aliments
d'après Dujardin-Beaumetz

Noms des aliments	Azote	C + H calculés en carbone
Viande de bœuf	3 00	11 00
Bœuf rôti	3 53	11 76
Foie de veau	3 09	15 68
Foie gras d'oie	2 12	65 58
Rognons de mouton	2 66	12 13
Chair de raie	3 83	12 25
— morue salée	5 02	16 00
— harengs salés	3 11	23 00
— harengs frais	1 83	21 00
— merlan	2 41	9 00
— maquereau	3 74	19 26
— sole	1 91	12 25
— saumon	2 09	16 00
— carpe	3 49	12 10
— goujon	2 77	13 50
— anguille	2 00	30 05
— moule	1 80	9 00
— huître	2 13	7 18
— homard cru	2 93	10 96
Œufs	1 90	13 50
Lait de vache	0 66	8 00
— chèvre	0 69	8 60
Fromage de Brie	2 94	35 00
— Gruyère	5 00	38 00
— Roquefort	4 21	44 44
Chocolat	1 52	58 00
Blé du Midi (variable)	3 00	41 00
— tendre (variable)	1 81	39 00
Farine blanche (Paris)	1 64	38 58
— de seigle	1 75	41 00
Orge d'hiver	1 90	40 00
Maïs	1 77	44 00
Sarrazin	2 20	42 50
Riz	1 80	41 00
Gruau d'avoine	1 95	44 00
Pain blanc de Paris (33 0/0 d'eau)	1 08	29 50
— de munition français, ancien	1 07	28 00
Pain de munition français, actuel	1 20	30 00
— de farine de blé dur	2 20	31 00
Chataignes fraîches	0 64	35 00
— sèches	1 04	48 00

Noms des aliments	Azot	C + H calculés en carbone
Pommes de terre...........................	0 33	11 00
Fèves	4 50	42 00
Haricots secs.............................	3 92	43 00
Lentilles sèches	3 87	43 00
Pois secs..................................	3 66	44 00
Carottes...................................	0 34	5 50
Champignons de couche.....................	0 60	4 52
Figues fraîches...........................	0 41	15 50
— sèches...........................	0 92	34 00
Pruneaux	0 75	28 00
Infusion de 100 grammes de café...........	1 10	9 00
— 100 grammes de thé............	1 00	10 50
Lard......................................	1 28	71 14
Beurre frais ordinaire....................	0 64	83 00
Huile d'olive.............................	traces	98 00
Bière forte...............................	0 05	4 50
Vin	0 15	4 50

En multipliant par six le chiffre de l'azote, on obtient celui des matières protéïques.

HERCULE
(Musée du Vatican)

L'Hygiène. — La Santé humaine et la Culture physique
L'ALCOOLISME

« Celui qui est conquis aux exercices de force, à l'orgueil des muscles en belle saillie, est un client arraché au cabaret. »

L'hygiène est la partie de la médecine qui a pour but de faire connaître les influences diverses qui proviennent des milieux dans lesquels l'homme évolue et de les modifier dans le sens le plus favorable à son développement.

L'hygiène est vieille comme le monde et dans l'antiquité elle fut d'abord régie par les religions : c'est ainsi que les races sémitiques, avec Moïse, puis Mahomet, se sont vu proscrire dans leur alimentation certaines boissons ou certains animaux ; dans l'Inde, la croyance à la métempsycose rendait végétariens les indigènes.

De nos jours, l'hygiène publique et individuelle n'est plus régie que par la raison. L'hygiène publique n'est pas du domaine de cet ouvrage; quant à l'hygiène individuelle elle devra s'inspirer de ce même culte de la beauté qui la fit naître chez les Grecs.

L'hygiène individuelle doit être double, portant sur l'être vivant et sur la façon de l'immuniser contre les maladies contagieuses ; de là les sérums et les vaccinations. Ce n'est certes pas notre rôle de nous élever, ici, en contempteurs de la méthode microbienne et de traiter les Pasteur, les Koch et les Roux de grimauds malfaisants. Nul n'a plus que nous le respect de ces beaux génies auxquels l'humanité doit tant. Mais personne ne nous démentira quand nous déclarerons que la meilleure immunisation qu'on puisse donner à un être vivant est encore une constitution vigoureuse, un sang riche, de vastes poumons et un estomac digérant bien. Il n'est pas téméraire d'affirmer que les épidémies passeront sans les entamer sur les générations d'athlètes sorties de nos écoles de culture physique, quand l'Etat aura enfin compris que leur création est une nécessité inéluctable. Sans doute, il n'est rien d'absolu en pareille matière et longtemps encore les

VAN HUXEM

U. NIFFLE   RUFFIN   CHAPELLIER   BÉRANGER

hommes seront la proie des puissances de destruction. Mais il est certain que l'âge moyen s'élèvera au fur et à mesure que la prophylaxie fera des progrès ; et la culture physique est la meilleure des prophylaxies. Ceux qui s'y seront adonnés ne tarderont pas à former une sorte d'élite humaine ; les dures lois de la sélection faucheront les autres, les désarmés, les chétifs qui n'auront pas voulu être forts. Ainsi l'humanité s'ira régénérant, s'améliorant, s'embellissant pour la vie plus heureuse, plus large et plus féconde des sociétés de l'avenir. Car ce serait véritablement d'un misérable aveuglement que de croire à l'éternité du moule social qui nous emprisonne. De toutes parts déjà il craque et par ces multiples fêlures filtrent les rayons d'un soleil inconnu, mais dont les quelques lueurs encore nébuleuses laissent présager un demain radieux. Pour ce monde de beauté une humanité nouvelle s'élabore ; la terre est grosse des futures moissons, pour tous, il y aura « du pain et des roses. » Ceux-là qui seront les plus beaux seront les élus qui cueilleront les plus belles.

Alcoolisme

Nous, qui n'avons d'autre but, en écrivant cet ouvrage, que de faire une œuvre de santé, nous ne saurions nous élever avec trop d'énergie contre ce mal qui est, sans exagération, en train de nous tuer avec une lenteur qui va s'accélérant.

Et c'est à l'heure surtout où un homme de science de haute envergure, Duclaux, vient de jeter dans l'esprit public une perturbation désastreuse au sujet de l'alcool, qu'il convient de dire bien haut que cet homme, que ce savant, si universellement estimé a fait une besogne mauvaise. Qu'en accréditant cette idée que l'alcool était un aliment, il a fourni aux pitoyables raisons des buveurs une apparence d'argument scientifique dont ils se réclament en faveur de leur passion. Duclaux ne nous a pas appris que l'alcool était un aliment, on le savait depuis longtemps, mais on savait aussi qu'il était un poison. Au reste, Duclaux n'a pas précisément dit tout ce que l'intérêt des mercantis, vendeurs de spiritueux et la passion des malades en ont exprimé.

Qu'on nous permette de rappeler l'origine de la polémique.

Nulle part plus que dans une œuvre consacrée à la régénérescence de l'espèce humaine, elle ne saurait trouver place.

Il y a quelque temps, deux savants américains, MM. Alwater et Benedict, se livraient à une série d'expériences sur l'alcool, dont les *Annales de l'Institut Pasteur* rendirent compte sous la signature de M. Duclaux, le continuateur de Pasteur.

Des expériences américaines, il résultait qu'à une certaine dose l'alcool était un aliment. Notre ami Louis Lapicque, avec sa grande compétence, a combattu dans la presse cette assertion.

La communication de Duclaux émut d'ailleurs le monde savant tout entier, et particulièrement les hygiénistes qui, avec juste raison, combattent les dangers de l'alcoolisme.

Un certain nombre d'entre eux, membres du conseil de surveillance de l'Assistance publique, affirmèrent en une affiche officielle tirée à de nombreux exemplaires, que l'alcool était un poison.

Aussitôt certains négociants qui vendent de l'alcool de s'émouvoir. Syndiqués, ils composèrent une autre affiche qui fut placardée sur les murs de Paris et sur laquelle, se basant sur les théories des savants américains relatées par Duclaux, ils tentèrent de démontrer que l'alcool est un aliment au même titre que la viande, le pain, le sucre et peut être même substitué à ces substances nutritives.

En présence de cet état d'esprit, une publication périodique, la *Revue*, a eu l'idée de demander aux représentants les plus autorisés du monde savant leur sentiment sur la thèse en discussion.

Et d'abord elle s'est adressée à Duclaux, qui, pour éviter que de nouveau ses déclarations soient exagérées, a rédigé et signé lui-même l'interview suivante :

Je pense qu'on ne peut encore tirer des conséquences pratiques des expériences de MM. Atwater et Benedict; jusqu'ici elles sont trop impliquées dans des questions financières pour que je puisse dire mon avis à ce sujet. La solution dépendra du degré de créance qu'on accordera à la question théorique, c'est-à-dire à la valeur de l'alcool comme aliment.

Pour moi, je ne demande pas mieux que de voir une discussion s'engager sur ce point; mais j'attends des adversaires qui consentent à lire et à réfléchir avant d'écrire.

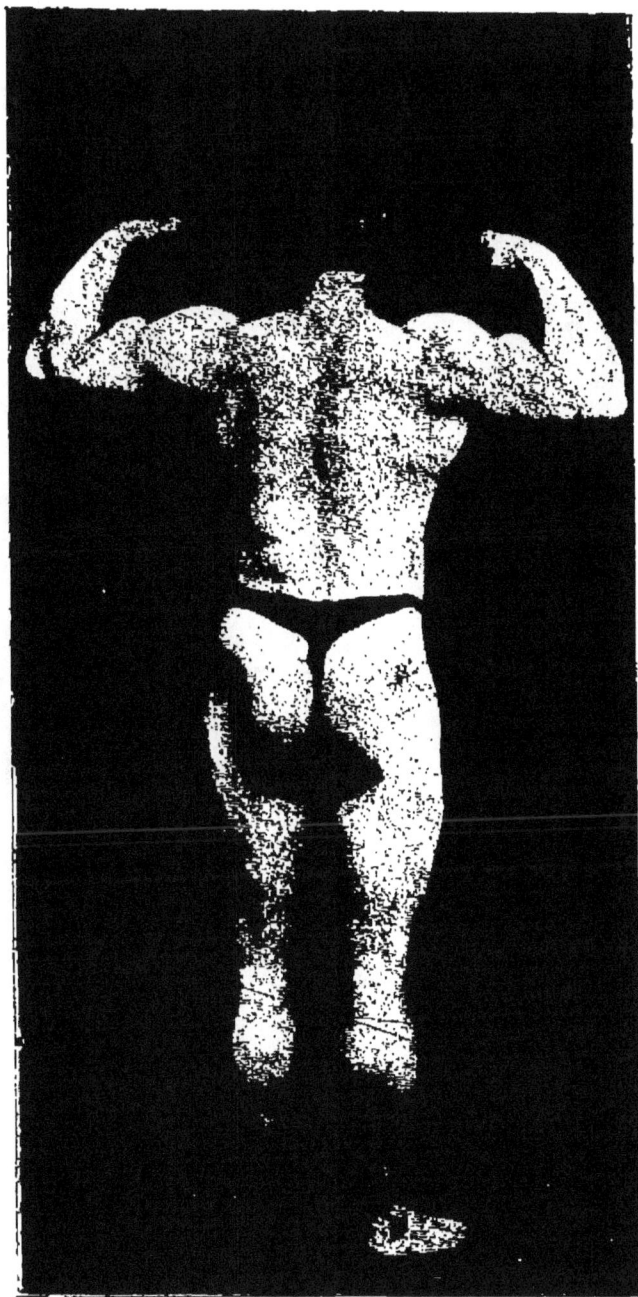

M. X...

J. ALLEMAND

En attendant, et au point de vue pratique, si on me proposait une trêve, en acceptant comme moyen terme le *litre de vin par jour, démontré utile et inoffensif par les expériences d'Atwater*, je suis prêt à y souscrire.

E. DUCLAUX.

Un litre de vin par jour! Comme nous voilà éloignés de l' « alcool » alimentaire! D'ailleurs, Duclaux ne dit pas, comme l'affirment audacieusement ses admirateurs intéressés, que les eaux-de-vie, absinthes, amers, vermouths, bitters et autres spiritueux sont des aliments. Il parle simplement d'une boisson naturelle et hygiénique, le vin, que, bien avant lui, les savants avaient reconnue comme bienfaisante.

Et à l'Institut Pasteur même, Duclaux trouve des adversaires parmi les plus éminents de ses collègues. Voici l'opinion du docteur Roux :

Acceptons comme démontrés les résultats de l'expérience de MM. Atwater et Benedict et reconnaissons que l'alcool peut servir d'aliment dans les conditions où ils se sont placés. Cela n'empêche pas qu'il faut continuer la lutte contre l'alcoolisme.

Ceux qui boivent de l'alcool n'accepteraient jamais de le prendre en petite quantité et à l'état de dilution, comme l'ont fait MM. Atwater et Benedict; ils le prendront toujours à l'état concentré de façon à éprouver la sensation excitante qu'ils recherchent, et pour eux, l'expérience de MM. Benedict et Atwater ne sera point un enseignement profitable, mais une excuse à leur passion funeste.

Il est donc certain que la façon dont on prend l'alcool est nuisible.

Quant à l'usage du vin, l'expérience séculaire portant sur des peuples entiers montre qu'il n'a pas d'inconvénient si l'on en boit modérément.

Docteur ROUX.

L'illustre chimiste Berthelot n'est pas moins catégorique, et, tout en reconnaissant à l'alcool certaines qualités dans des cas bien déterminés, il précise l'énorme différence qui existe entre un aliment véritable et un combustible.

L'alcool, dit-il, n'est pas un aliment, bien que ce soit un combustible.

Il est certain que l'alcool absorbé est partiellement comburé ; mais une partie se dégage en vapeurs, ce dont témoigne l'haleine des buveurs et la combustion se fait sans profit pour la régénération des tissus organiques.

Atwater lui-même n'a pas conclu de ses expériences que l'alcool fût un véritable aliment, c'est-à-dire qu'il fût capable de s'incorporer à l'organisme.

L'alcool employé en petite quantité agit comme un excitant du système nerveux et à très faibles doses; dans certains cas, il peut être utile à la façon d'un médicament, comme la quinine par exemple.

L'histoire des races humaines montre que l'abus qui se fait de l'alcool les entraine nécessairement à leur perte. C'est ainsi que disparaissent actuellement les peuplades sauvages. C'est également aujourd'hui un élément de décadence physique et de ruine morale pour la plupart des nations européennes. Le salut pour elles ne pourra venir que de lois très énergiques contre l'alcoolisme, comme celles qu'appliquent déjà les pays scandinaves, par exemple. Si nous voulons conserver l'énergie de la race française. nous serons forcés, nous aussi, malgré la pression électorale résultant des intérêts, d'adopter une législation de cette nature ; autrement le fléau aurait à la longue raison de nous.

BERTHELOT.

Le professeur BROUARDEL est plus réservé dans son opinion.

A mon sens, dit-il, on ne peut pas conclure de la constitution chimique d'un corps à sa valeur alimentaire, ni même d'une comparaison entre deux corps ayant la même constitution chimique à l'équivalence de leur pouvoir nutritif.

L'expérience seule peut trancher la question.

Professeur BROUARDEL.

Tout en reconnaissant que l'alcool est un aliment à très faible dose, le docteur RICHET est d'avis que la lutte contre ce produit doit être impitoyable.

Il s'exprime ainsi :

Que l'alcool soit un aliment, cela n'est pas douteux ; et que, à très faible dose, quand il est très pur, il soit à peu près inoffensif, on n'en peut guère douter non plus. De là à dire que ce soit un bon aliment et un aliment recommandable, il y a loin. Il faudrait que les hommes fussent des anges pour que l'alcool ne fût pas un grand péril.

HARMENTAL

Devant les méfaits de l'alcoolisme qui croissent rapidement, ce qui est à craindre aujourd'hui pour la société, ce n'est certes pas que l'alcool soit négligé comme substance alimentaire, mais c'est, au contraire, l'abus qu'on en fait.

De sorte qu'au point de vue de la propagande des idées dans le public par la presse et les conférences populaires, tout l'effort doit consister *à combattre l'alcool, non à le favoriser.*

On ne peut se faire d'illusion à ce sujet ; l'alcool n'est pas consommé parce qu'il est un aliment, mais parce qu'il étourdit la conscience et qu'il soustrait les malheureux à leur situation misérable en les transportant dans des mondes fictifs, dans le vague de l'hébétude ou de l'ivresse.

Dr RICHET.

Les professeurs LANCEREAUX et LANDOUZY proscrivent absolument l'alcool :

Il ne me paraît pas démontré, d'après les expériences américaines, que l'alcool soit un aliment, d'autant plus que tout récemment le docteur Gréhant me disait pouvoir, par un procédé nouveau, extraire chez un animal une bonne partie de l'alcool qu'il lui faisait ingérer.

En tout cas, ce que je sais, c'est que l'alcool est dangereux, non seulement par les accidents qu'il détermine sur le système nerveux, mais surtout par la dénutrition qu'il produit dans un organisme qui s'y livre avec excès.

E. LANCEREAUX.

« C'est donc au nom de l'expérience, que tous ceux qui ont à cœur les intérêts vitaux de notre pays (santé physique et morale, repopulation) plus que des intérêts financiers, continueront à avoir toutes bonnes raisons de considérer l'alcoolisme comme un des maux pesant le plus lourdement sur la France »

Professeur LANDOUZY.

Une opinion également fort intéressante à connaître était celle du Dr Magnan, le distingué aliéniste, qui, plus que tout autre, a pu se rendre compte des résultats néfastes produits par l'alcool.

« A mon avis, dit-il, l'alcool ne serait, en aucun cas, un aliment recommandable. Il pousse dans nos asiles de la Seine presque la

MORY

(Age : 17 ans)

moitié des pensionnaires et chaque jour ses nombreuses victimes qui encombrent nos salles sont malheureusement la démonstration vivante de l'influence néfaste d'un tel aliment dont il est si difficile de modérer l'usage ».

Dr MAGNAN.

Enfin l'Administration de l'*Assistance Publique*, en réponse aux affirmations éhontées des marchands de poison, communiqua la note suivante :

« L'administration de l'Assistance publique à Paris n'a pas qualité pour intervenir dans le débat scientifique que soulève en ce moment la question de l'alcool ; mais elle a le devoir de dénoncer comme absolument inexacte une assertion contenue dans l'affiche des commerçants en vins et spiritueux qui déclare que « cette administration achète chaque année, *dans une proportion constante du rhum, de l'alcool et du vin* .

« Le vin, dont les quantités d'achat varient peu, est donné à notre personnel à raison de 65 centilitres en moyenne par jour, et de 35 centilitres aux vieillards valides hospitalisés. On voit que loin d'abuser, nous usons très modérément.

« Le rhum est réservé aux préparations pharmaceutiques et l'alcool à de multiples usages étrangers à la consommation.

« En 1902, pour 20.000 personnes hospitalisées chaque jour, la consommation a été de 23.000 litres de rhum et de 45.000 litres d'alcool, chiffres bien inférieurs à ceux cités par l'affiche des commerçants en liqueurs, et il convient de mettre en regard les 5.000 litres de lait consommé par nos malades. Ces rapprochements montrent les tendances de nos chefs de services, médecins et chirurgiens, qui sont unanimes sur les dangers de l'alcool.

« A l'économie réalisée en 1902 par l'Assistance publique, qui s'élève à 135.000 francs sur l'alcool et le rhum, s'ajoutera en 1903 une nouvelle économie de 50.000 francs et la dépense de ce chef serait encore réduite s'il n'y avait danger pour certain malade à les priver brusquement de leur aliment habituel. »

De toute cette longue discussion, dont on comprendra l'importance dans ce travail, il faut donc conclure une fois de plus, que l'alcool est aussi dangereux que nuisible et que son usage doit être formellement proscrit, sauf en certains cas spéciaux qui sont du domaine de la thérapeutique.

La culture physique n'a pas d'ennemi plus acharné que

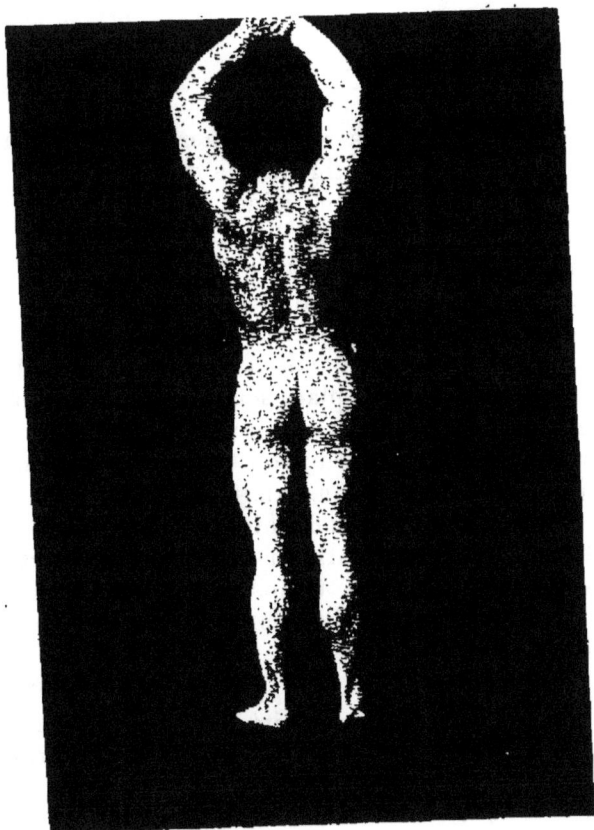

M. X...

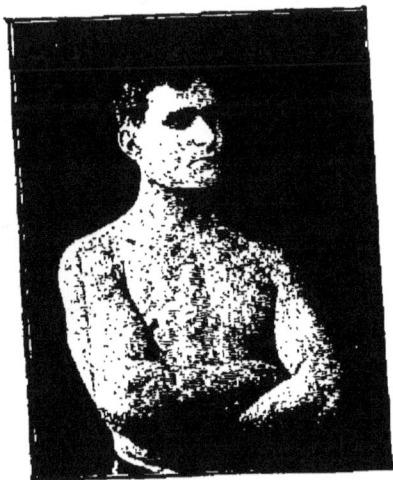

L. BALLY
DIRECTEUR DE
"L'ÉDUCATION PHYSIQUE"
à l'âge de 16 ans.

l'alcoolisme. L'alcoolique sevré d'énergie vitale n'aura jamais la volonté que nous exigeons de nos adeptes et la mort lente que fait couler dans ses veines l'odieux poison détruirait en détail les forces qu'il aurait pu acquérir si, par impossible, il se fût livré à l'entraînement.

Dans la lutte sans merci entreprise par tous les hommes de cœur et de larges vues contre l'empoisonnement imbécile de l'alcool, parce qu'il est volontaire, la culture physique réclame sa place. Et cette place sera un poste d'honneur et d'efficacité sans rivale. Quand nos élèves auront constaté que des libations de hasard trop copieuses les auront mis dans un état d'infériorité musculaire par rapport à ce qu'ils étaient auparavant, ils prendront la ferme résolution de ne plus désormais se laisser aller à de si funestes écarts qui leur font perdre, en même temps que l'admirable apanage humain de la raison, une beauté de formes acquise par de si longs efforts.

Bien aveugles seraient ceux qui auraient lu et compris dans toute son horreur et sa vérité le chapitre que nous avons écrit pour eux s'ils ne reconnaissaient pas la grandeur et l'étendue du mal que l'alcoolisme fait courir à l'humanité.

Jeunes élèves qui rêvez de modeler vos corps d'après la conception de la statuaire antique et d'illuminer vos cerveaux des nobles flammes de l'intelligence, proscrivez sans pitié l'alcool.

L'alcool, c'est l'idiotie, c'est la mort, c'est l'innomable laideur. Poursuivez-le de votre haine d'êtres sains.

Le professeur Desbonnet

Le respect outré de la modestie des siens
veut prendre la forme de l'ingratitude.

Nous avons déjà eu l'occasion, au cours de cet ouvrage, de dire quelques mots de notre maître, le professeur Desbonnet. Nous ne voudrions pas qu'on nous accusât de vouloir lui faire une réclame dont il n'a pas besoin, mais nous voudrions pourtant, une bonne fois pour toutes, nous guérir de cet excès de modestie qui nous empêche fréquemment de rendre aux nôtres l'hommage qui leur est dû.

Desbonnet s'est fait le retoucheur de l'humanité débile pour obvier à la dégénérescence de la race, qui fait l'objet de tant de lamentations. Il a voué sa vie au muscle et il a, en quelque sorte, trouvé le secret d'en donner même aux plus appauvris.

Chaque jour devient plus nombreuse la pléiade de ceux qui sont venus lui demander la force, la santé, la beauté. Par lui, toute une génération d'athlètes est en train de naître. D'aucuns, à grand renfort de discours, de décrets et de lois ont entrepris la régénérescence de la race française. Plus modestement, plus silencieusement, Desbonnet l'a trouvée. Il faut pourtant qu'on le dise pour qu'on le sache. Son œuvre vient en temps opportun et c'est un devoir de la faire connaître.

Personne, aujourd'hui, n'a plus le droit d'être faible. La race étiolée des « copurchics » qui, sous un plastron conquérant, cachent un thorax évidé, peu à peu va disparaître ; ces pauvres êtres, fleurs maladives des restaurants de nuit, vont s'éteindre et passer à l'état de légende et de phénomènes.

L'instruction musculaire obligatoire dans un avenir tout proche aura une confirmation légale.

Rendons donc nos enfants vigoureux, afin de les armer pour les luttes futures et les mettre à même de travailler à l'œuvre universelle du progrès.

L'histoire du passé humain est déjà bien vaste, l'avenir l'est encore autrement. Lancée à la vapeur sur les chemins du progrès, l'humanité est en marche vers on ne sait trop quelle cime lointaine. Cette aspiration vers une perfection indéfinie est la force même qui pousse la roue du progrès ; elle est faite de la somme des aspirations de même nature de chaque individu. En augmenter en chacun la dose et rendre possibles des ambitions de plus en plus vastes, est une part de l'œuvre de la culture physique.

Ceux-là qui y travaillent ont bien droit au respect et à la reconnaissance de leurs contemporains. Desbonnet est au premier rang parmi eux et nous nous en voudrions de ne l'avoir point proclamé, puisque ce serait une injustice.

PROFESSEUR DESBONNET

" VÉNUS ANADYOMÈNE " DU VATICAN

Propagande près des femmes

*Tous les ra sonnements des hommes ne
valent pas un sentiment d'une femme.*

VOLTAIRE.

Ce n'est pas sans raison que nous avons écrit en tête de ce
dernier chapitre cette pensée de Voltaire. Tout ce que nous
avons dit, en effet, pour persuader à nos contemporains que
la culture physique est une nécessité vitale, une nécessité de
beauté, pèsera moins sur leur façon de l'envisager et sur
leur volonté de la pratiquer que le sentiment souverain d'une
femme, quand une fois elle sera conquise à la vraie beauté.

Car la femme de nos jours a subi l'ambiance universelle
de la laideur moderne. Son sens esthétique s'est à ce point
atrophié qu'elle a perdu pour elle-même le respect de l'harmonie de ses formes ; la recherche de la monstruosité l'a con-
duite aux abominations de la mode et de là sont nées ces
horreurs sans nom qui ont fait de la femme habillée au
goût du jour je ne sais quel mannequin baroque vêtu de
ridicule. Ayant à ce point perdu en ce qui la concerne le sens
exact de la beauté, il n'est pas étonnant qu'elle ne le recon-
naisse plus chez les hommes et que son choix aille de préférence au gringalet retouché par les artifices du tailleur qu'à
l'athlète habillé avec simplicité. Pour elle la beauté est dans
la richesse du tissu, dans la profusion des bijoux, dans le
truquage atroce des académies, nullement dans l'harmonie
des lignes et des formes.

Et, tant il est vrai que le moral est presque toujours moulé
dans le physique, les plus exquis sentiments du cœur féminin
se sont enfuis par la même fissure de l'horrible, d'autant plus
facilement que les conditions et les exigences sociales y ont
puissamment aidé. Les unions d'aujourd'hui ne sont plus
des affinités de beauté, la résultante de la force mystérieuse
qui pousse l'un vers l'autre deux êtres de sexes différents
dont les âmes sympathisent. Le mariage n'est pas autre
chose généralement qu'un marché plus ou moins librement
consenti, une prostitution légale mille fois plus horrible

L'APOLLON DU BELVÉDÈRE

que l'autre de la beauté, de la jeunesse à la richesse et au gâtisme. Sans une hésitation l'on voit des femmes d'une souveraine splendeur, mais pauvres d'écus, vendre à de vieux messieurs riches les trésors de leur chair et de leur jeunesse, tandis que d'autres, au contraire, fabuleusement dotées, troquent leur or et leur corps contre la vanité d'un blason terni.

De telles aberrations n'ont pas seulement leur source dans la stupidité des conventions sociales, elles l'ont surtout chez la femme, dans la déformation du goût. L'homme sait encore, en dépit des affublements grotesques dont la femme se pare, découvrir en elle la beauté première ; la femme, davantage extérieure, ne le sait plus : la beauté masculine, pour la plupart, est dans la coupe de la redingote ou du pantalon, dans l'éclat d'un huit reflets, dans la blancheur d'un plastron de chemise. Il leur importe peu de savoir si sous ce déguisement plus ou moins élégant ne se cache pas un buste informe et des jambes cagneuses. De doctes mères de famille affirment à leur jeune fille, qui rechigne devant l'odieux poussah dont on veut la pourvoir, qu'un homme n'a pas besoin d'être beau.

Nous savons combien violemment nous heurtons sur ce sujet de préjugés transformés en dogmes sociaux, mais cela ne nous empêche pas d'en crier la bêtise et l'infamie.

Il faut que l'éducation ramène la femme à la conception de la vraie beauté. Il faut que la jeune fille sache qu'il est une beauté masculine comme il est une beauté féminine et que ni l'une ni l'autre ne gît dans l'escamotage d'un costume et dans les fantaisies de la mode. Il faut qu'elle sache que si l'auréole de la beauté est son plus riche apanage, et sa dot la plus splendide, elle a, elle aussi, le droit, je dirai presque le devoir, de ne pas l'échanger contre de l'horreur.

L'éducation rationnelle doit sans cesse rappeler à la jeune fille qu'en elle dort la femme de demain, la mère de l'humanité à venir ; qu'échapper à l'amour, à la maternité est un châtiment si dur que les hommes d'autrefois y voyaient comme une damnation du ciel. Et que conséquemment, sous peine de redescendre vers l'animalité primitive, la femme doit concourir à l'idéal de beauté et de perfection vers lequel s'achemine lentement le genre humain.

Il faut déchirer les voiles d'absurdité, derrière lesquels une hypocrite pudeur masque à la jeune fille ce que sera pour elle la vie de demain. Il faut lui dire qu'elle aura un mari, que cet homme lui donnera des enfants et que ces enfants, puisqu'elle les veut beaux — une mère ne saurait les vouloir autrement — elle doit choisir leur père parmi les plus beaux.

Ainsi s'effectuera la sélection dans l'espèce humaine quand, une fois délivrée des sophismes mondains, elle entrera dans l'océan radieux de la vie poétisée. Les beaux seront les forts, les forts qui s'uniront pour perpétuer l'espèce dans toujours plus de beauté; les faibles, c'est-à-dire les malades, s'élimineront d'eux-mêmes comme d'une source limpide s'élimine doucement la fange qui l'a un instant troublée.

Ceux qui, comme nous, ont foi dans le sublime avenir que la culture physique prépare à l'humanité ont constamment en rêve la fiction mythologique dans laquelle les hommes ressemblaient à des dieux, les femmes à des déesses; Vénus échappée aux baisers de l'horrible Vulcain dans les bras d'Apollon s'endort nimbée d'azur.

De ces étreintes naîtront de beaux enfants. Sur la terre heureuse où l'amour sera roi s'épanouira une humanité embellie, les fleurs auront plus de parfums, le ciel plus de bleu, le cœur plus d'ivresse.

Cet Eden s'esquisse au lointain d'un beau rêve qui, si nous le voulons bien, si les femmes nous y aident surtout, ne sera pas qu'un rêve. C'est l'étoile promise vers laquelle tout au cours de cet ouvrage la culture physique a essayé timidement ses jeunes ailes.

Nos lecteurs comprendront que nous n'avons pu condenser dans cet ouvrage qu'une très petite partie de nos idées sur la culture physique. Mais nous avons le plaisir de leur annoncer qu'un nouveau volume beaucoup plus considérable intitulé :

LA

CULTURE PHYSIQUE

PAR

Albert SURIER

est actuellement sous presse et paraîtra prochainement.

L'Auteur.

TABLE DES MATIÈRES

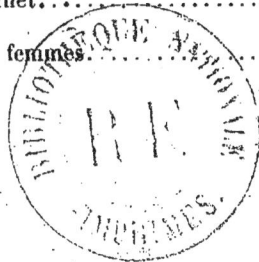

vendre : Magnifique collection de photo-
~hies d'athlètes, lutteurs, boxeurs, le-
_ de poids, 528 pièces différentes. Bel
~ment pour club, gymnase, ou chambre
~ateur. Reproduction des photographies
~ × 18 (44 pièces sur chaque feuille).
~ de la feuille de reproduction miniature,
~anc.

~ombre de feuilles miniatures, 12.

~n vente à l'*Education Physique*.

A vendre : Moulages en plâtre, sur nature
des bras des athlètes suivants : Apollon, le
record de la mensuration, tour du biceps,
51 centimètres ; tour de l'avant-bras, 44 centimètres; Sandow, Hackenschmidt, Wolff,
Batta, Louis le mécanicien; Poiré, surnommé
le plus beau bras de France ; moulage de la
jambe d'Apollon, 52 centimètres de tour au
mollet.

Prix de chaque moulage, 25 rancs.
En vente à l'*Education Physique*.

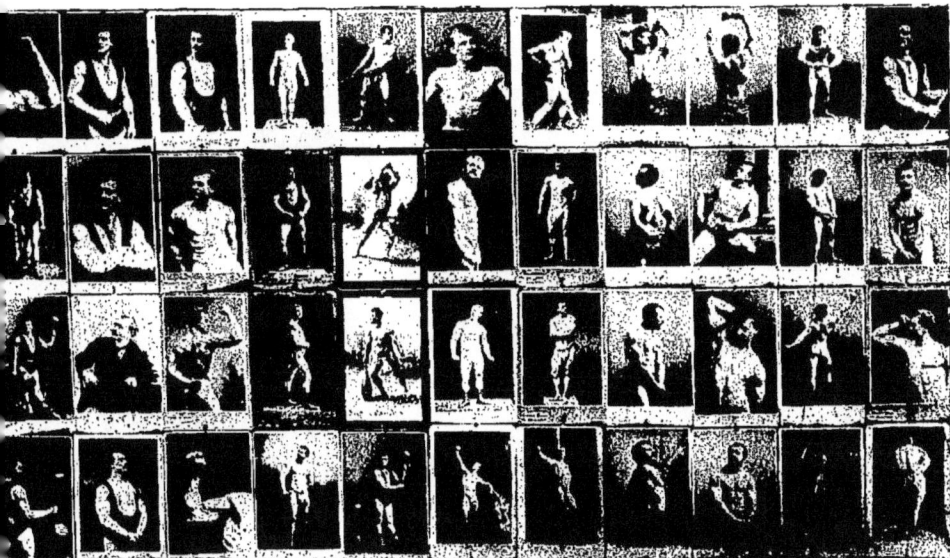

SPÉCIMEN, RÉDUIT DE MOITIÉ, DES PHOTOGRAPHIES MINIATURES

PHOTOGRAPHIES MINIATURES

Reproduction de la collection de l'*Educa-
on Physique* en grandeur carte - album
~ × 18, 26 photographies différentes. Prix
franc la carte, 20 francs pour les 26 cartes
~fférentes.

En vente à l'*Education Physique*.

Statuette athlétique du professeur Desbonnet. Prix 160 francs en bronze d'art,
60 francs en simili-bronze très soigné ; joindre 10 francs pour l'emballage et le transport.

Hauteur 45 centimètres.

En vente à l'*Education Physique*.

VIS AUX COLLECTIONNEURS D'AFFICHES

A vendre : Affiches de lutteurs, athlètes et
~crobates, double et quadruple colombier.
~ne affiche 3 francs ; par douze 30 francs.
En vente à l'*Education Physique*.

Statuette athlétique de Sandow, en zinc
d'art simili-bronze. Prix 50 francs. Joindre
10 francs pour port et emballage.

En vente à l'*Education Physique*.

Imp. Roche et Wellhoff
55, rue Fromont, Levallois-Perret.

.

www.ingramcontent.com/pod-product-compliance
Lightning Source LLC
Chambersburg PA
CBHW052115090426
42741CB00009B/1821